风险控制视角下的企业审计管理模式研究

薛 鹏◎著

辽宁人民出版社

ⓒ 薛 鹏 2022

图书在版编目(CIP)数据

风险控制视角下的企业审计管理模式研究 / 薛鹏著.—沈阳：
辽宁人民出版社, 2022.11
ISBN 978-7-205-10625-6

Ⅰ.①风… Ⅱ.①薛… Ⅲ.①企业 – 审计风险 – 风险管理 –
研究 – 中国 Ⅳ.①F239.6

中国版本图书馆CIP数据核字(2022)第213514号

出版发行：辽宁人民出版社
　　　　　地址:沈阳市和平区十一纬路25号　邮编:110003
　　　　　电话:024-23284321(邮　购)　024-23284324(发行部)
　　　　　传真:024-23284191(发行部)　024-23284304(办公室)
　　　　　http://www.lnpph.com.cn
印　　　刷：辽宁新华印务有限公司
幅面尺寸：170mm×240mm
印　　张：12.5
字　　数：200千字
出版时间：2022年11月第1版
印刷时间：2022年11月第1次印刷
责任编辑：张天恒　王晓筱
装帧设计：中知图印务
责任校对：刘再升
书　　号：ISBN 978-7-205-10625-6

定　　价：58.00元

前　言

改革开放40多年来,中国的经济实力有了极大提升。新兴企业众多,它们对企业内部审计技术的要求逐渐提高。依目前情况,包括国有企业在内的众多企业,在内部审计工作中常应用以风险管理为导向的审计技术,以及运用现代化信息技术手段的计算机辅助审计技术,企业内部审计技术有了很大的进步。

风险控制视角下,内部审计是企业内部风险管理一种有效工具。在实际企业风险管理中,应用内部审计工具,可以得到更加精准的企业风险现状分析,并且可以对企业风险进行一定的总结和判断,从而提出有效的风险管理及控制对策,以避免企业风险的增加和爆发,维护企业稳定发展。

在企业内部审计风险管理与控制中,风险评价是一项重要工作内容,对整个风险管理过程起到帮助作用。它能够帮助相关人员认识到企业在各方面的风险因素及影响力大小,以此为导向,合理分配相关资源,选择安全有效的风险管理措施。

在内部审计工作中,不可忽视的还有审计风险。因此,这就要求加深对内部审计风险的认识,了解审计风险的成因,以有效降低审计风险。其次,企业还应加强有关部门的管理,借鉴国内外企业内部审计工作的经验,逐步完善内部审计政策和制度,使审计工作顺利并持续地进行。

综上所述,审计部门作为企业发展中的重要监督部门,在企业风险管理和控制中起着重要作用,对加强企业内部审计具有重要意义。因此,在当前形势下,企业要想更好地生存和发展,就必须将内部审计纳入风险管理。此外,管理层可以从内部审计中获得有利于企业发展的建议。这也是内部审计发展的新方向,有利于企业自身的审核和检查,在市场竞争中赢得优势。事实证明,只有高质量、高效率的内部审计工作,才能更好地为企业实现安全、稳定、可持续发展提供重要帮助。

目 录

第一章 绪 论

内部审计是一种独立、客观的确认和咨询活动,旨在增加价值和改善组织的运营。它通过应用系统的、规范的方法,评价并改善风险管理、控制和治理过程的效果,帮助组织实现其目标(国际内部审计师协会 2013 年1 月定义)。近年来,随着经济和社会的发展,各类组织对内部审计的重视程度日益提高,内部审计在理念、目标、职能和内容等方面发生了很大变化,面临着新的发展机遇和挑战。

第一节 企业内部审计的发展历程

对于企业,外部审计是由企业以外的审计机构和人员进行的审计,包括政府审计和民间审计;内部审计则是由企业内部审计机构和人员,对其内部各部门和管理成员进行的审计。一般认为,现代内部审计是基于验证和报告内部受托经济责任的需要,以及企业自身经营管理的需要而产生并发展的。然而,现代内部审计有其历史渊源,这一渊源可以追溯到远古时代。内部审计自产生至今,先后经历了古代内部审计、近代内部审计和现代内部审计三个阶段。

一、古代内部审计阶段

"内部审计可以追溯到受托经济责任在人类历史上产生的第一天。"据史料记载,大约公元前 510 年,古罗马的奴隶主建立了许多大庄园,雇佣了大批奴隶。一些大奴隶主为了坐享其成,往往将自己的庄园委托给精明能干的代理人去管理,于是在奴隶主与代理人之间产生了委托代理关系。为了解代理人的经营管理情况并促使其有效地履行职责,奴隶主通常委派亲信作为独立的第三方审查代理人,以确保其诚实地履行受托经济责任。应该说,这些亲信并非真正意义上的专司审计的内部审计人员,他们除了"内部审计"以外,还要承担其他工作。进入中世纪以后,因财产所有权与经营管理权相分离而产生的受托经济责任更加明确,内部审计有了进一步的发展,产生了寺院审计、行会审计、银行审计、庄园审计等多种内部审计形式,这一时期内部审计的主要标志是产生了专职的内部审计人员[①]。

二、近代内部审计阶段

从19世纪中叶开始,伴随着资本主义经济的发展出现了企业规模扩大、分支机构众多、经营地点分散、经营业务复杂、控制跨度增大等状况,企业内部单一受托经济责任逐渐向双重和多重受托经济责任发展。此时,日常管理职责的履行情况如何,各部门的经营活动是否合规合理,各分支机构的经营目标能否实现,管理者已不可能亲自搜集经营管理所需的信息,继续依靠会计师事务所一年一度的审计已无法满足企业管理的需要,而昂贵的审计费用等因素也使企业无法聘请注册会计师实施经常性的审计。于是,管理者便从企业内部挑选专门人员对下属分支机构进行审查、验证和评价。这样,在企业内部就形成了一个相对独立的控制系统——内部审计机构。

早在1875年,德国集采煤、冶金、机器和军火生产为一体的康采恩·克虏伯企业就实行了内部审计制度。在美国,具有显著规模经济性的铁路行业最先配备内部审计人员,负责巡视各铁路的售票机构,检查企业财务制度的遵守情况和有关会计记录的真实性、正确性。他们除了进行财务审计,还广泛开展了经营审计。1844年,英国通过《公司法》,初步确立了内部审计制度以规范股份公司的运作,保护投资者的利益,促进了内部审计制度的广泛实行。1929—1933年的世界性经济危机使企业管理当局认识到,不能单纯依靠扩大销售量来增加利润,必须同时减少成本,提高经营效益,而内部审计正是加强管理的有效手段之一。于是,石油开采、电力、汽车制造、钢铁等行业纷纷建立内部审计机构,配备审计人员,实行内部审计制度。

三、现代内部审计的兴起

20世纪40年代,企业的内部结构和外部环境进一步复杂化,跨国企业

---

① 艾莉颖. 新政府会计制度下行政事业单位内部控制策略[J]. 合作经济与科技,2022(9):156-157.

迅速崛起,管理层次的分解比以往更加迅速,企业管理者对于降低成本、提高经济效益的要求也更加迫切。这种新的发展使企业管理层和外部审计人员对内部审计更加关注,并从各自的角度促进了内部审计的发展。1941年,美国北美企业内部审计主任约翰·瑟斯顿(John B.Thurston)等人发起成立了"内部审计师协会",它是目前世界上唯一的、致力于推动内部审计和内部审计人员发展的国际性组织,通常称为"国际内部审计师协会"(The institute of internal auditors,简称"IIA")。该组织首次把内部审计职业引入社会职业领域,大大推动了内部审计的发展。同年,维克多·布瑞克出版了第一部内部审计理论专著《内部审计的性质、职能和程序方法》,从理论上和方法上建立了内部审计体系。该书的出版,标志着内部审计学的诞生。这两件事被视为20世纪内部审计发展的里程碑,标志着内部审计进入新的发展阶段。因此,有人把1941年称为内部审计的奠基年。1947年,IIA制定了《内部审计师职责说明书》,第一次对内部审计及其职责下了定义,并且在1957年、1981年、1990年和1999年分别进行了进一步的修订。1968年IIA首次颁布内部审计人员《职业道德准则》,对协会会员和注册内部审计师的行为进行了规范。《职业道德准则》的制定和颁布,提高了内部审计人员的地位和作用,在这方面,它被认为是一个最大的进步。IIA从1974年起,在全球指定地点举行注册内部审计师CIA资格考试,这为内部审计师取得合法地位、得到更高层次的培训和晋升创造了条件。美国1977年通过的《反海外贪污法案》(Foreign CorruPtion PracticeAct,简称"FCPA")促进了美国大企业对内部审计的重视。尽管FCPA的主要目的是禁止美国企业向国外政府官员行贿,但其规范内部控制的法规,对内部审计产生了相当大的影响。1978年,IIA制定和颁布了《内部审计实务标准》,对内部审计的含义、职责、独立性、机构人员以及工作范围和工作程序等,都做了较具体的规定,使内部审计的开展有了较完备的行为规范和衡量标准。《内部审计实务标准》的颁布,为内部审计这一特殊职业制定了职业规范和判断标准,从而为人们承认内部审计是一种职业创造了条件。

因此,1978年是内部审计历史发展的第二个转折点。以此为标志,内部审计进入规范发展壮大的阶段。自1978年颁布了第一部《内部审计实务标准》(以下简称《标准》)后,IIA在其后10多年里对《标准》做了13次"说明"(修改),1993年对《标准》做了全面修订,并于8月颁布了第二部《内部审计实务标准》。1999年,IIA理事会正式批准了《内部审计职业实务框架》(PPF)。PPF包括三个层次:第一层次由《内部审计定义》《内部审计职业道德准则》《内部审计实务标准》组成,它们是框架的核心部分,是强制性指南。其中,《职业道德准则》又居于最高地位;《实务公告》为第二层次,属于指导性指南,不具有强制性,目的是对新准则的解释和运用提供详细的建议;《发展与实务支持》则是第三层次,专指那些最近发展的实务,IIA往往以专题报告、研究报告、参考书籍、研讨会文集、教育培训项目等方式来推荐这些参考性意见。2001年6月,IIA颁布新的《内部审计实务标准》,这是自1999年以来又一次比较全面的修订。虽然至今仍在不断修订中,但内部审计的基本框架内容已经成型,内部审计发展经历了第三个转折点。

20世纪60年代以来,适应审计环境的变迁,内部审计正在向更高层次发展。主要表现在以下方面:

第一,内部审计部门拥有自己的章程,阐明内部审计的宗旨、使命、权力和职责。

第二,内部审计部门不再受外部审计的支配,而是作为一种独立的社会职业,与外部审计在各自的领域为企业提供服务,但不排除与外部审计在平等合作、互相尊重的基础上建立广泛的联系。

第三,内部审计直接服务于最高管理当局或董事会,并通过审计帮助被审计单位或个人认真履行其职责。

第四,内部审计工作形成了严密的管理体系,包括计划管理、质量管理和审计档案管理等。

第五,对内部审计人员的知识和技能要求更高,审计人员应具备分析、判断、写作等素质。

第六,内部审计人员参与内部控制规范的制定,通过审计检查内部控制规范的执行,评估控制风险,提出改进建议。

第七,在评估内部控制的基础上,实施系统导向审计和风险导向审计。

第八,制订科学的年度审计计划和项目审计方案,以便提高审计工作的效率,充分发挥内部审计的作用。

第九,广泛运用计算机技术,出现了电子数据处理审计和计算机辅助审计技术,大大提高了审计工作的效率和审计质量。

进入21世纪以来,内部审计的发展十分迅速。2002年4月,IIA向美国国会递交的一份《改善公司治理的建议》(IIA, *Recommendations for improving corporate govemance*)特别指出,健全的治理结构应建立在董事会、执行管理层、外部审计和内部审计四个"基本主体"的协同之上。2003年,IIA研究基金会(IIARF)先后发布了《内部审计在公司治理和公司管理中的作用》《内部审计在公司治理中的职责:萨班斯法案的遵循》两份研究报告,并汇集威廉姆·金尼和安德鲁·贝利等多名学术界和实务界极负盛誉的学者的理论研究和实践成果编著了《内部审计思想》(*Research Opportunities in Intemal Auditing*)。该书始终以"审计本质是一种控制"为主旨,考察了其基本治理活动,突出内部审计的确认和咨询两大职能,直面内部审计的独立性和客观性,强调内审人员的配备,并提出了内部审计值得关注和研究的诸多问题。2004年9月,IIA又发布了《内部审计在企业整体风险管理中的作用》(*The Role of intermnal auditing in enterprise-wide risk managemnent*)的意见书。

2013年8月20日,《中国内部审计准则》(中国内部审计协会公告2013年第1号)发布,自2014年1月1日起施行。原来的《内部审计基本准则》《内部审计人员职业道德规范》以及1~29号具体准则被同时废止。新内部审计准则适用于各类组织的内部审计机构、内部审计人员及其从事的内部审计活动。为涵盖内部审计外包的情况,新准则还增加了"其他组织或者人员接受本组织委托、聘用、承办或者参与的内部审计业务,也应当遵守本准则"的规定。

第二节 企业内部审计的定义与内涵

一、内部审计的定义

国际内部审计师协会自1941年成立以来,先后七次发表了关于内部审计职能的定义,这些定义的修改和发展,记录了内部审计职能前进、变化的足迹,标志着内部审计随着外部环境、工作方式的不断变化,其职能定位也在不断调整、创新,以适应时代发展的需要(见表1-1)。

表1-1　国际内部审计师协会对于内部审计的定义

年份及次别	内部审计定义
1947年第一次定义	内部审计是建立在审查财务、会计和其他经营活动基础上的独立评价活动。它为管理提供保护性和建设性的服务,处理财务与会计问题,有时也涉及经营管理中的问题
1957年第二次定义	内部审计是建立在审查财务、会计和经营活动基础上的独立评价活动。它为管理提供服务,是一种衡量、评价其他控制有效性的管理控制
1971年第三次定义	内部审计是建立在审查经营活动基础上的独立评价活动,并为管理提供服务,是一种衡量、评价其他控制有效性的管理控制
1978年第四次定义	内部审计是建立在以检查、评价组织为基础的独立评价活动,并为组织提供服务
1990年第五次定义	内部审计工作是在一个组织内部建立的一种独立评价职能,目的是作为对该组织的一种服务工作,对其活动进行审查和评价
1993年第六次定义	本次定义除了确认上次定义之外,明确指出:内部审计的目的是协助该组织的管理成员有效地履行他们的职责,从而解决了为组织服务是为谁服务的问题
1999年第七次定义	内部审计是一种独立、客观的保证和咨询活动。其目的在于为组织增加价值和提高组织的运作效率。它通过系统化和规范化的方法,评价和改进风险管理、控制和治理过程的效果,帮助组织实现其目标

从表1-1可见,内部审计的目标从过去的防错、查弊,提升到了促进企业价值增值。其职能在传统的监督检查之外,更多地体现了咨询角色、服务理念、促进组织目标实现的“战略”定位。理解这个定义,应该把握以下要点:

第一,内部审计是由组织内部专职的机构或人员所从事的一种独立检查和评价活动。

第二,内部审计工作是一种独立性的评价活动,是一种服务。

第三,内部审计的范围是该组织的活动,未具体规定内部审计的范围,但在随后的实物具体标准和职责说明中规定了审计范围:①审查财务和经营资料的可靠程度和完整性,以及鉴别、衡量、分类和报告这些资料的使用方法;②审查用于保证遵守那些对经营和报告可能有重要影响的政策、计划、程序、法律和规定而建立的系统,并且应确定该组织是否遵守这一切;③审查保护资产的方法,在必要时应核实资产是否真实存在;④评价使用资源的经济性和有效性;⑤审查经营或项目以确保其成果与所确定的目标和目的相一致,并确定经营或项目是否按计划进行。

第四,内部审计的目的是帮助该组织的领导成员全面、有效地履行赋予他们的经济责任。

总体来看,内部审计经过了从财务审计向经营审计、风险管理审计发展;从账表导向审计向风险导向审计发展;从事后审计向事前审计发展;从单一的监督职能逐渐向评价、控制、咨询等多职能方向发展的阶段[①]。

二、内部审计的内涵

正确把握内部审计定义的前提是准确界定审计的本质。界定审计本质应该遵循以下原则:

第一,审计本质应揭示审计所固有的、内在的自然属性,应撇开审计的社会属性,撇开不同社会环境下不同类型审计所具有的特性。

第二,确定审计本质必须有一个充分广泛的参照系统,应充分考虑已经形成、正在形成,甚至将要形成的各种审计类型。

第三,确定审计本质应该有利于审计理论结构的完善,审计本质要有利于演绎推出审计理论结构中的其他要素或命题。从历史的角度分析,对审计本质的解释先后经历了四个阶段,即查账论、方法过程论、经济监督论和经济控制论。由于查账论和方法过程论分别侧重于审计的方法、手段和行为过程的描述,未触及审计的本质而逐渐被淘汰。

第四,目前,在理论界有广泛影响的是经济监督论和经济控制论。经

---

① 毕秀玲. 充分发挥内部审计在环境、社会和治理中的作用[J]. 中国内部审计,2022(4):1.

济监督论认为审计的本质是经济监督,该观点是由我国审计理论界提出的,而且在理论界有广泛的影响,这一观点克服了以往对审计本质的解释侧重于对事物现象描述的缺点,开始接近审计的本质。该观点存在的问题有:①经济监督论并未揭示审计所固有的、内在的特殊性,它无法区分审计与其他经济监督,为了将审计与其他经济监督进行区分,有些学者将审计解释为综合性的经济监督或独立性的经济监督,然而综合性、独立性并非审计所独有,其他经济监督有时也具备;②经济监督论无法回答一些审计实践问题,如:国家审计发挥的宏观调控作用,内部审计侧重于完善企业管理、加强内部控制、提高经济效益的作用,民间审计对财务报告的公证作用以及管理咨询、会计服务等业务;③经济监督论无法涵盖审计的全部职能,通常人们认为审计具有经济监督、经济评价、经济鉴证的职能,而且随着人们对审计认识的深入,新的审计职能还会被发掘。如果将审计的本质解释为经济监督,也就很难解释除经济监督以外的其他审计职能。

经济控制论认为审计的本质是经济控制。经济控制论的观点早已出现在国内外的一些文献之中。在我国系统论述该观点的是蔡春教授,他在论著《审计理论结构研究》中指出:"审计在本质上是一种确保受托经济责任全面、有效履行的特殊经济控制。"相对于前三种观点,该观点更加准确地揭示了审计的本质。这主要体现在四个方面。

第一,将审计解释为"控制",可以涵盖除经济监督之外的其他审计职能。

第二,将审计的对象界定为受托经济责任,有利于解释审计产生和发展的动因,适用于各种类型的审计;同时,它又将审计与其他经济控制区别开来,因为其他经济控制的对象,是控制主体所控制的经济行为活动本身。

第三,"全面、有效"概括了审计内容,"全面"是指全面履行行为责任和报告责任,"有效"是指每一责任的履行符合要求。

第四,该观点有利于在审计理论研究中引入控制论、信息论、系统论的科学原理,有利于完善审计理论结构。然而该观点有两点值得商榷:①"确保"二字混淆了审计责任与管理责任的界限,审计的独立性决定了审计不应该,也不能够确保受托经济责任全面有效地履行。②控制具有纠偏的功能,审计同样具有纠偏的功能,蔡春教授认为审计的纠偏包括审计人的直接纠偏和间接纠偏,如国家审计机关通过审计处理权的执行实现直接纠偏。审计人员将审计差异反馈给审计委托人,通过委托人纠偏,此时审计委托人的纠偏是直接纠偏,审计人员的纠偏是间接纠偏。无论是直接纠偏还是间接纠偏,审计控制主体均由审计人和审计委托人构成。有学者认为问题出在审计人员的直接纠偏,它会影响审计人员的独立性,混淆审计责任与管理责任的界限。另外,国家审计机关的直接纠偏也有违于审计属于间接控制的范畴。因此,审计人员的纠偏应该是间接纠偏。

综上所述,笔者认为:审计的本质是验证并报告受托经济责任全面有效履行的特殊经济控制。此处"验证并报告"反映了审计的过程,"特殊经济控制"是指审计控制由审计人和审计委托人组成共同控制主体,并且审计人的控制是间接控制。

审计的对象是受托经济责任的全面有效履行情况。内部审计的本质是由企业内部设立的专门机构和人员,对企业内部机构和人员受托经济责任的履行情况进行验证并报告的特殊经济控制。同样,内部审计的控制是间接控制,即内部审计机构或人员将审计差异反馈给审计委托人,通过委托人实现纠偏,内部审计组织和内部审计人员的纠偏是间接纠偏。

第三节 企业内部审计的模式、作用与角色

内部审计是一种独立、客观的保证与咨询活动,旨在为组织增加价值和改善组织的运营。它通过应用系统化、规划化的方法,评价和改善风险管理、控制及治理过程的效果,帮助组织实现其目标。根据内部审计的定义,内部审计职能在传统的监督检查之外,更多地体现了咨询角色服务理念,促进组织目标实现的战略定位,拓展了内部审计作为董事会和高管层的谋士角色。

一、内部审计模式的转变

(一)传统国营内部审计模式

在该模式下,内部审计是政府审计机关权力的延伸,存在于各政府机关、国有企业及非营利机构内,目的是协助政府进行监管,确保资产及资源

运用恰当,向国家及组织领导人提交遵循审计的工作结果及分析,协助政府惩罚违规的机关负责人。在该模式下,内部审计多被定位为稽核。

稽核,稽是考察、稽查;核是审核、核实、核查,合成解释为稽查成效而审核其实在。简言之,稽核是"稽查和审核"的简称,稽核关注对经济活动和内部控制的监督检查。稽核在英文中表述为"check""examine",意为检查、核对、调查的意思。我国早在1985年人民银行颁布的《中国人民银行稽核工作暂行规定》中就采用了"稽核"的概念,虽然文件中并未给出"稽核"一词的明确定义,但从其中规定的稽核人员的职权,可以看出稽核的功能定位:查阅被稽核单位的各种凭证、账簿和报表等资料;检查被稽核单位的业务库现金、金银、外币、有价证券和代理发行库的发行基金,必要时可先封后查;参加被稽核单位的有关会议,查阅有关文件;提出制止、纠正和处理被稽核单位不正当业务活动的意见。由此可见,稽核的角色主要是企业的警察、卫士或保安的角色,履行的是传统的查错纠弊、查阅和核对文件、事后监督检查的职能[①]。

(二)传统西方内部审计模式

在该模式下,内部审计是评价企业财务机制的活动,目的是协助企业管理层维持有效的财务机制,并向管理层提供财务机制审计的分析、评价及建议等资料,协助企业确保财务机制健全。

(三)现代企业内部审计模式

在该模式下,内部审计是提供独立和客观的审计及顾问服务,目的是协助企业增值及改善营运的效率及效益,是向审计委员会提供营运审计的分析、评价及建议等资料,协助企业有效地管理风险及维持企业治理机制。在该模式下,内部审计被重新定义为:是一项独立、客观的咨询活动,用于改善机构的运作并增加其价值。

内部审计通过引入一种系统的、有条理的方法,去评价和改善风险管理、控制企业治理流程的有效性,以帮助机构实现目标。

---

①陈沛琳.股份制商业银行民营企业信贷业务内部控制优化研究[D].昆明:云南财经大学,2021:24-25.

二、内部审计的作用

(一)三道防线作用

"三道防线"的概念最早应用在医学方面"人体免疫的三道防线"。第一道防线是由皮肤和黏膜构成,能够阻挡病原体侵入人体,而且它们的分泌物(如乳酸、脂肪酸、胃酸和酶等)还有杀菌的作用;第二道防线是体液中的杀菌物质——溶菌酶和吞噬细胞。前两道防线是人类在进化过程中逐渐建立的天然防御功能,特点是人生来就具有,不针对某一种特定的病原体,对多种病原体都有防御作用,因此叫作"非特异性免疫"(又称"先天性免疫");第三道防线主要由免疫器官(扁桃体、淋巴结、胸腺、淋巴结、骨髓和脾脏等)和免疫细胞(淋巴细胞、吞噬细胞等)借助血液循环和淋巴循环而组成的。第三道防线是人体在出生以后逐渐建立起来的后天防御功能,特点是出生后才产生的,只针对某一特定的病原体或异物起作用,因而叫作"特异性免疫"(又称"后天性免疫")。"三道防线"的概念后来被广泛运用,特别是企业"风险管理的三道防线"。

第一道防线是业务操作部门,是风险所有者和责任人,负责识别、评估、控制、缓释和报告在业务开展过程中遇到的风险。

第二道防线由风险管理职能、合规职能及其他监控职能(如人力资源、法律)构成,负责协调并监控业务操作部门有效实施风险管理事务。风险管理职能协助一道防线,定义风险敞口并形成各级风险报告。合规职能负责监控银行对法律、法规和标准的违规情况。这些职能同时也是控制职能,确保与风险承担相关的政策和程序被切实履行。

第三道防线是内部审计职能,运用风险导向方法,评估银行内部控制设计和运行的效率性和效果性,定期向高级管理层和董事会提供合理保证。内审职能对风险管理、合规及其他监控职能的工作进行定期评估。

(二)反舞弊作用

运行良好的内部审计职能可以有效地防范和发现舞弊行为,监控并改进银行运营和资源使用的效率和效果,内部审计就舞弊风险管理流程的充分性和适当性,以及运行的有效性向董事会提供合理保证。

1.舞弊控制环境建设

内审负责人作为员工守则制定小组的成员,对员工的道德行为、反舞弊意识等企业文化建设事项提供咨询建议,对企业高级管理人员管理舞弊风险的能力进行定期评估,了解高管层的反舞弊的理念和基调。

推进各级人员的反舞弊意识,定期对员工开展道德培训,包括对银行政策和程序的遵循、浪费、腐败以及不当管理行为的识别和警惕等。内部审计章程应明确规定内部审计在舞弊风险管理中的职责。

2.舞弊风险识别和评估

内部审计可对舞弊风险评估流程的有效性进行测试和评价,内部审计在制订审计计划时应考虑银行对舞弊风险的评估结果。与开展舞弊风险评估的人员进行定期沟通和访谈,确保相关舞弊风险得到了恰当的考虑和处理。

内部审计可以定期审阅业务部门风险识别结果的全面性和充分性,特别是对于管理层凌驾控制的风险识别。

3.舞弊风险应对措施

内部审计可代表审计委员会对企业员工,特别是高管人员招聘的背景调查流程执行穿行测试和评价。对举报流程和企业热线的设置情况进行穿行测试和评价,协助审计委员会了解这一流程,对舞弊控制活动的运行有效性进行测试和评价。

4.舞弊信息沟通

监督和评价员工沟通渠道的有效性,例如员工调查工作是否定期执行,员工调查内容是否包含反舞弊意识、舞弊风险识别和举报的相关内容等。对举报热线或相关内外部信息沟通途径进行监控,确保其有效运行。就舞弊事件的识别和调查情况与审计委员会进行及时沟通。

5.舞弊调查和监控

对内外部举报热线(合规、道德、贪污举报等)接收的问题处理情况进行监控和跟进,有效改进举报流程的透明度。对参与舞弊检查人员的资格、技能和独立性进行评估,发起或配合相关各方开展舞弊调查,分析舞弊产生的根本原因,提出潜在改进建议,内审负责人应对内审人员开展舞弊调查培训,使内部审计人员了解、熟悉相关的舞弊迹象特征。

三、内部审计的角色

美国次贷危机引发的全球金融危机让人们意识到加强风险识别、分析与管理对企业来说是生存的关键,在相当程度上还取决于商业银行的风险文化和管理能力。内部审计作为其风险管理的重要组成部分,必须适应外部环境的变化,进行自身角色的再认识,这样对于提高其风险管理能力,建立谨慎的风险管理文化,帮助构建全面风险管理框架具有重要作用。

内部审计应是结合风险管理、企业治理和内部控制评价为一体的综合审计。它应关注企业治理框架中风险发现与风险管理,关注管理者及其经营管理行为可能出现的风险,关注组织在整个治理过程中的决策风险和经营风险。通过对风险管理、内部控制、企业治理三大领域的风险识别、评估,来发挥其确认和咨询职能,从而实现其完善企业治理,创造价值的目标。内部审计在风险管理中的再认识是立足于辩证法原理、具体分析内部审计对风险管理发展的促动作用,及内部审计在风险管理的不同阶段发挥的不同作用,来实现内部审计价值增值的目的。

(一)内部审计对全面风险管理的促动作用

第一,企业治理不完善是导致风险的主要原因,而内部审计作为治理结构的组成部分,其工作恰好能够帮助建立透明、有效的治理,推广董事会风险管理文化,根据风险管理战略的变化,调整对管理层风险管理的评价重点,提出改进建议。所以改善风险管理也就自然成为内部审计的工作属性。据调查,在金融危机中受到较大损失的华尔街金融机构,日常虽然通过《新巴赛尔协议》进行风险管理,但由于《新巴赛尔协议》的内部评级标准由各金融机构自行制定,这些机构对自身的风险敞口及流动性能力过于乐观,没有进行真正的压力测试或情景测试,审计委员会与管理层之间没有建立有效的沟通机制,导致风险理念和信息不对称,从而遭受巨大的损失。

第二,风险在商业银行内部具有感染性、传递性、不对称性等特征,所以对风险的认识、防范和控制需要从全局考虑,但各业务部很难做到这一点,而内部审计不从事具体业务活动,独立于业务管理部门,这使得它可以从全局出发、以客观的角度对风险进行识别,及时建议管理部门采取措施、控制风险。而且内部审计部门和内部审计人员在风险管理方面拥有外部审计无可比拟的优势,内部审计对整个行业及自身面临的风险更了解,对防范风险、实现目标有着更强烈的责任感、义务感,还具有连续性、实效性强的服务特征。尤其是在兴盛或业绩增长受到抑制时都能与利益相一致,保护资产。

(二)内部审计在风险管理的不同阶段发挥的不同作用

内部审计在全面风险管理框架中发挥着重要作用。由于风险管理框架涉及的范围广泛,所以内部审计需要在不同阶段、不同环境下变化角色定位,为全面风险管理建设服务。这不仅需要发挥内部审计的检查、评价的作用,还需要进一步发挥风险管理的推动者、参谋者等作用。

1.内部审计六种角色的划分

第一,布道者:由于各层次的管理者并不十分熟悉风险管理,而首席审计官(CAO)及其团队可以通过长期的职业培训来帮助他们了解全面风险管理框架,并从谨慎的角度,将该框架的各个要素向各层次的管理者和董事进行介绍。

第二,推动者:实施风险管理需要高质量的风险评估。内部审计能够进行高质量的风险评估,制定风险应对策略,因此扮演着推动者的角色。同时,在协助将风险评估转化为风险应对的过程中,起到积极的推动作用。

第三,联系者:因为风险管理在"促成框架"过程中需要在各个部门采用共同语言,内部审计就能发挥增值的协调作用,确保这些"促成框架"在银行得到一致的运用,同时,CAO也可能成为共同语言的提议者,成为各部门沟通的桥梁。

第四,整合者:内部审计的独立地位,可以帮助其在企业范围内搜集、分析和综合各个渠道的数据和信息,并且可以报告整个银行范围内的风险审计结果,为董事会提出有效的风险管理改进建议。

第五,评价者:内部审计可以用全面风险管理框架的八部分来评估风险管理,评估的对象可以是整个银行,也可以是分支行或控股子公司。为风险管理流程提供保障,评估和检查关键风险的管理工作是否全面,是否覆盖了所有的不确定性。

第六,咨询者:内部审计可以利用其对风险管理方面的经验,为管理层在制定风险管理政策、风险识别程序时提供咨询服务。这种咨询服务,可以更好地帮助管理层在风险和收益方面达成符合银行长远利益的平衡。

2.六种角色形成的闭循环

这里提及的六种内部审计角色,在风险管理的不同阶段可以进行角色转换,或者由一种转变成另一种角色,或者六种角色同时出现,或者一种角色作用突出,其他角色作用相对较弱,但是也在发挥着作用。如在缺乏风险管理程序的情况下,内部审计可以向管理层提出建立企业风险管理的建议,这时候主要发挥布道者的作用,以说服董事会推动风险管理文化的树立和体制框架的建设。

在实施风险管理的初期,内部审计更多地体现协调者和推动者的作用,甚至直接担任总协调人,通过协调各部门,可以大大推动风险管理建设的周期;而在风险管理基本框架构建完成阶段,内部审计则突出整合者的作用,在此阶段,内部审计还可以发挥咨询者和评价者的作用,对经营部门的技术疑问进行解释,对风险管理框架的完整性进行评价。

而当风险管理逐步成熟、运作稳定以后,内部审计作为主要评价者,对风险管理进行压力测试或情景测试,以评价运行的效果及效率,并对照其进行完善,这对风险管理又起到推动者的作用。但因为环境的不停变化,使风险管理永远处于动态平衡,企业的风险管理文化和策略也需要不断调整,这时就又需要内部审计再发挥布道者的作用,推动风险管理不断更新。这样周而复始,形成一个闭循环,通过内部审计与对象间具有的高整合性,使其在监督、评价风险管理有效性、帮助改进风险管理的六种角色的不同转换中,体现内部审计的张力,而这种张力就是一种反馈动力。而且,内部审计可以根据风险评估结果来安排审计工作,使风险管理与内部审计始终协调一致。

此外,内部审计的报告关系也会影响其在风险管理中的角色,报告关系层次越高,独立性越强,内部审计就越能够从全局和战略高度参与风险管理;反之,则只从局部和流程角度参与风险管理。同时,内部审计为了更好地实现角色要求,需要运用现代审计方法,不断改进对企业的内控与流程的评价手段。内部审计应成为企业在治理结构和内部控制环境方面的业务顾问和控制专家,帮助提高风险管理决策的有效性,实现资产的保值与增值。

第二章　企业内部审计程序

第一节　审计准备阶段

审计准备阶段是指正式实施审计之前的阶段。包括编制审计计划、进行审前调查、制发审计通知书等主要工作。

一、确定审计项目,编制审计计划

确定审计项目有两重含义:一是审计机构编制年度审计计划;二是审计人员按照本部门年度审计计划要求,选择具体的审计项目。

内部审计机构应根据本部门或本单位当年项目建设安排,按照本组织管理者的要求,结合本身的审计能力,确定内部审计项目范围,并使用风险评估的方法,按照风险的大小和审计的重要性程度,对当年项目审计的先后顺序做统筹安排,从原则上说,风险大的项目应优先审计,或虽然风险不大,但影响比较大、比较重要的项目优先。

审计计划是指内部审计机构和人员为完成审计业务,达到预期的审计目的,对一段时期的审计工作任务或具体审计项目作出的事先规划。

年度审计计划是对年度预期要完成的审计任务所作的工作安排,是组织年度工作计划的重要组成部分。项目审计方案是对实施具体审计项目所需要的审计内容、审计程序、人员分工、审计时间等作出的安排。内部审计机构可以根据组织的性质、规模、审计业务的复杂程度等因素决定审计计划层次的繁简[①]。

二、初步收集审计资料

在实施项目审计之前,审计人员应初步收集与审计项目有关的资料,

[①]褚可心,马蕴菲.上市公司内部控制信息披露问题探究[J].西部财会,2022(04):57-59.

比如与审计事项有关的法律法规、规章、政策及其他文件资料等。审计组对曾经审计过的部门,应当注意查阅了解过去审计的情况,利用原有的审计档案资料。除此之外,审计组还需调查了解被审计部门的基本情况。收集资料时注意了解其对审计项目的反应和看法。该阶段收集的资料是内部审计实施的主要依据。

三、下达审计通知书

审计通知书是指内部审计机构在实施审计前,告知被审计单位或人员接受审计的书面文件。

(一)审计通知书的内容

按照《第2102号内部审计具体准则——审计通知书》要求,审计通知书应包括以下基本内容:①审计项目名称;②被审计单位名称或者被审计人员姓名;③审计范围和审计内容、审计时间;④需要被审计单位提供的资料及其他必要的协助要求;⑤审计组组长及审计组成员名单;⑥内部审计机构的印章和签发日期。

(二)编制及下发要求

按照《第2102号内部审计具体准则——审计通知书》要求,内部审计机构应根据经过批准后的审计计划编制审计通知书;内部审计机构应在实施审计三日前,向被审计单位送达审计通知书,特殊审计业务可以在实施审计时送达。

第二节　审计实施阶段

审计实施阶段是审计组进驻被审计单位,将审计工作方案付诸实施、化为实际行动的阶段,是审计全过程的最主要阶段。该阶段主要包括进一步了解被审计项目情况,审计和评价业务活动、内部控制和风险管理的适当性和有效性,编制审计工作底稿,编写审计报告等相关工作环节。

一、进驻被审计单位，进一步了解审计情况

审计组实施审计时，首先应深入了解被审计单位的管理体制、机构设置、职责或经营范围、业务规模、资产状况等；其次对内部控制制度进行评估，根据评估结果，确定审计范围和采用的方法。必要时，修改原来制订的审计方案。主要步骤如下：

（一）听取被审计单位介绍情况

审计组进驻被审计单位后，应与被审计单位领导取得联系，说明本次审计的范围内容与目的要求，争取他们的支持；约请被审计单位领导和有关部门负责人共同研究布置，确定与审计组的联系人和提供必要的资料等问题，听取被审计单位负责人及有关职能部门对单位情况的介绍，并采用适当方式，使单位职工了解审计目的、内容，以取得支持和协助。

（二）索取、收集必要的资料

审计组应当根据情况介绍和审计工作需要，向被审计单位索取有关资料，要求提供银行存款账户，进行必要的资料收集工作。常规审计一般需要索取、收集的资料主要是：被审计单位有关的规章、制度、文件、计划、合同文本；被查期间的各种审计资料、分析资料，上年财务报表、分析资料以及以往接受各种检查、审计的资料；各种自制原始凭证的存根，未黏附在记账凭证上的各种支票、发票、收据等存根，以及银行账户银行收账单、备查簿等相关的经济信息资料。

在索取、收集资料时，一定要做好登记、清点、移交工作。收集的资料要当面清点，注意残缺页码，并列表登记，注明资料来源。移交与接收双方，都要在移交表或调阅单上签名。

（三）深入调查研究，全面了解内部控制状况

为了全面深入地了解被审计单位业务活动的一些具体规定、手续以及内控制度的执行情况，审计组在收集资料以后，应当通过查阅资料、观察、咨询等方式，了解被审计单位的有关情况。特别是了解被审计单位的各项业务处理手续，有关财务会计业务处理和现金、物资管理方面的内控制度的建立完善情况和实际贯彻执行情况。

（四）必要时调整原审计方案

在深入调查研究、初步评价被审计单位内控制度的基础上，审计组应当重新审计原拟订的审计方案，如发现原方案确定的审计范围、重点具体实施步骤和方法等，与实际情况相差太远，必须修改审计方案时，应按规定的程序进行修改，经派出审计组的审计部门主管领导同意后组织实施[①]。

二、审查与评价内部控制与风险管理的有效性

（一）描述内部控制制度

审计人员可以通过调查问卷、个别走访和召开座谈会等多种方式来了解与被审计业务相关的内部控制情况，并通过业务流程图、风险矩阵图或文字表达的方式加以描述。

（二）测试内部控制制度

对内部控制制度进行测试，需要经过穿行测试和小样本测试两个主要阶段。其中，穿行测试可以通过两种途径达到：一是"凭证穿行测试"，即根据组织的记录来追踪整个活动过程；二是"程序穿行测试"，即由审计人员对活动的每一步进行一至两次测试。小样本测试的实质是选择少量行为活动进行测试，其目的是检查内部控制制度实施的有效性程度，即实际活动效果是否达到了预期目标。

（三）调整审计方案或扩大测试

完成对上述内部控制制度的描述和测试之后，审计人员立即对审计项目的内部控制情况进行评价，而后，审计人员应决定是否需要调整审计方案，同时在下结论、提出建议之前决定是否应进行扩大测试。与初步调查、评估内部控制相比，扩大测试意味着对被审计事项的深入调查。对内部控制的评估分析如果显示可能的控制强点和弱点，扩大测试可以帮助发现控制强点和弱点的影响程度等更深入的问题。扩大测试可作为内部审计人员做结论与提建议的基础。

---

①朱晔.科技强审背景下D集团内部审计信息化应用研究[D].西安:西京学院,2021:26-28.

(四)审计发现与建议

一旦审计与评价工作基本完成,内部审计人员立即准备汇总其发现并考虑改进建议。内部审计人员基于掌握的信息,客观描述审计发现的事实,对所审计内容作出判断,并初步考虑审计建议,是出具审计报告的基础。

三、收集、鉴定审计证明材料

在审计过程中,收集、鉴定审计证明材料始终是一项重要工作,特别是在审计实施阶段,如何收集并鉴别审计证据,更是影响审计质量的关键。因此,对内部审计人员的收集,鉴定审计证据简要说明如下:

(一)审计证据的类型

内部审计人员应当依据审计目标获取不同类型的审计证据。审计证据包括:书面证据、实物证据、视听证据、电子证据、口头证据、环境证据。

(二)内部审计证据的形成条件

内部审计人员获取的审计证据应当具备充分性、相关性和可靠性。充分性是指证据在数量上足以支持审计结论、意见和建议;相关性,即审计证据与审计事项及其具体审计目标之间具有实质性联系;可靠性是指审计证据真实、可信。

(三)内部审计人员获取证据时应该考虑的因素

内部审计人员在获取审计证据时,应当考虑下列基本因素:①具体审计事项的重要性。内部审计人员应当从数量和性质两个方面判断审计事项的重要性,以作出获取审计证据的决策。②可以接受的审计风险水平。证据的充分性与审计风险水平密切相关。可以接受的审计风险水平越低,所需证据的数量越多。③成本与效益的合理程度。获取审计证据应当考虑成本与效益的对比,但对于重要审计事项,不应当将审计成本的高低作为减少必要审计程序的理由。④适当的抽样方法。

(四)审计证据的获取与处理

内部审计人员获取审计证据可以采用的方法包括:审核、观察、监盘、访谈、调查、函证、计算、分析程序。

（五）内部审计人员获取证据的主要工作环节

审计人员通过审计会计凭证、会计账簿、会计报表，查阅与审计事项有关的文件、资料，检查现金、实物、有价证券，向有关单位和个人调查等方式进行审计，并取得证明材料。为此，审计人员应做以下工作：

1. 审计分析会计资料

对会计资料的审计分析，包括对会计凭证、账簿和报表的分析。主要包含以下内容：

第一，审计分析财务报表。一是对其外观形式进行审计，看被审计单位所编制的各种财务报表是否符合规定和要求，表页、表内项目、指标是否齐全；二是审阅各报表之间勾稽关系；三是审计各报表内相关数字间的勾稽关系。

第二，审计分析各类账户。一是判断容易发生差错和易于弄虚作假的账户；二是审计分析账户记录的增减变动情况，判断业务的真实性和数据的真实性，如果材料账户的记录长期无变动，则应考察材料是否确实存在或是否被利用；三是核实账户余额，包括总账和明细账，特别是结算类账户和跨期摊配账户。

第三，抽查有关凭证。以确定账簿记录的真实性，以及数据所反映的经济业务是否合理、合法。

第四，复算。审计人员要对被审计单位所计算的结果进行复算，以确定是否有故意歪曲计算结果的弊端或无意造成的计算差错。

第五，询证。审计人员在审计中，发现有疑点时，可向有关单位和个人以函询或面询的方式进行调查。审计人员向有关单位和个人进行调查时，应当出示审计人员的工作证件和审计通知书副本，审计人员不少于两人。

2. 抽盘实物与资产清查

审计人员在审计分析有关书面资料后，还应对有关盘存的账户所记录的内容进行实物抽盘，以取得实物证据。如库存现金盘点、库存材料盘点、低值易耗品盘点、在产品盘点、产成品盘点、固定资产盘点等。如实物较多，审计人员应按可能性、必要性、重要性原则，有选择地进行重点盘点。

审计人员实施实质性测试时，应当按照下列规定办理。

第一，搜集、取证能够证明审计事项的原始资料，有关文件和实物等。

不能取得原始资料、有关文件和实物的,可以采取复制、拍照等方法取得证明材料。

第二,对与审计事项有关的会议和谈话内容要作出记录,或者根据审计工作需要,要求提供会议记录。

第三,审计人员向有关单位和个人调查取得的证明材料,应当有提供者的签名或者盖章。未取得提供者签名或者盖章的,审计人员应当注明原因。

四、编制审计工作底稿

对审计中发现的问题,作出详细、准确的记录,并注明资料来源。在审计过程中,审计人员必须有详细的工作记录,以便反映出审计工作的全部过程。这些记录,有些可以直接作为正式的审计工作底稿,有些则要重新编写。审计工作底稿是审计证明材料的汇集,在汇集证明材料时,应注明证明材料的来源。审计工作底稿是撰写审计报告的基础,也是检查审计工作质量的依据。

（一）编制目的

内部审计人员在审计工作中应编制审计工作底稿,以达到以下目的：①为编制审计报告提供依据;②证明审计目标的实现程度;③为检查和评价内部审计工作质量提供依据;④证明内部审计机构和人员是否遵循内部审计准则;⑤为以后的审计工作提供参考。

（二）编制要求

审计工作底稿应内容完整、记录清晰、结论明确,客观反映项目审计方案的编制及实施情况,以及与形成审计结论、意见和建议有关的所有重要事项。

（三）底稿内容与格式要求

审计工作底稿主要包括以下记录：①内部审计通知书、项目审计计划、审计方案及其调整的记录;②审计程序执行过程和结果的记录;③获取的各种类型审计证据的记录;④其他与审计事项有关的记录。

审计工作底稿应载明下列事项：①被审计单位的名称;②审计事项及期间或截止日期;③审计程序的执行过程和结果记录;④审计结论、意见及建议;⑤审计人员姓名和审计日期;⑥复核人员姓名、复核日期和复核意见;⑦索引号及页次;⑧审计标识与其他符号及其说明等。

（四）审计底稿质量控制

第一,内部审计机构应当建立审计工作底稿的分级复核制度,明确规定各级复核的要求和责任。内部审计机构负责人对审计工作底稿的复核负完全责任。

第二,内部审计人员在审计项目完成后,应及时对审计工作底稿进行分类整理,按审计工作底稿相关规定进行归档、管理和使用。

第三,审计工作底稿归组织所有,由内部审计机构或组织内部有关部门保管。

第四,内部审计机构应建立工作底稿保管制度。如果内部审计机构以外的组织或个人要求查阅审计工作底稿,必须由内部审计机构负责人或其主管领导批准。但国家有关部门依法进行查阅的除外。

五、审计结果沟通

为提高审计结果的客观性、公正性,并取得被审计单位、组织适当管理层的理解和认同,内部审计机构与人员应当在审计报告正式提交之前与被审计单位、组织适当管理层,就审计概况、审计依据、审计发现、审计结论、审计意见和审计建议进行讨论和交流。结果沟通一般采取书面或口头方式。结果沟通主要包括下列内容:审计概况、审计依据、审计发现、审计结论、审计意见、审计建议。如果被审计单位对审计结果有异议,审计项目负责人及相关人员应当进行核实和答复。内部审计机构与被审计单位进行结果沟通时,应当注意沟通技巧与沟通效果。

六、编制审计报告

在实施必要审计程序后,内部审计机构与人员应当整理相关工作底稿并编写审计报告。

中国内部审计协会颁布的《第2106号内部审计具体准则——审计报告》第二条规定:"本准则所称审计报告,是指内部审计人员根据审计计划对被审计单位实施必要的审计程序后,就被审计事项作出审计结论,提出审计意见和审计建议的书面文件。"

（一）编制要求

《内部审计实务指南第3号——审计报告》第四条规定,内部审计报告应当体现内部审计项目目标的要求,并有助于组织增加价值。内部审计项目目标的要求主要包括但不限于对以下方面的评价:①经营活动合法性;②经营活动的经济性、效果性和效率性;③组织内部控制的健全性和有效性;④组织负责人的经济责任履行状况;⑤组织财务状况与会计核算状况;⑥组织的风险管理状况。

（二）审计报告的类型

《内部审计实务指南第3号——审计报告》第五条规定,正式立项的审计项目应当在终结审计后编制审计报告;如果存在下述情况之一时,应当根据组织适当管理层的要求和内部审计工作的需要,编制并报送中期审计报告:①审计周期过长;②被审计项目内容特别庞杂;③审计期间比较长;④突发事件引起特殊要求;⑤组织适当管理层需要审计项目进展情况的信息;⑥其他需要提供中期审计报告的情况。

中期审计报告不能取代终结审计报告,但中期审计报告能够作为终结审计报告的编制依据。中期审计报告不具有终结审计报告的效力。

（三）审计报告的编制原则

《第2106号内部审计具体准则——审计报告》第五条规定,编制审计报告应当遵循以下原则:①实事求是,不偏不倚地反映被审计事项的事实;②要素齐全、格式规范,完整反映审计中发现的重要问题;③逻辑清晰、用词准确、简明扼要、易于理解;④充分考虑审计项目的重要性和风险水平,对于重要事项应当重点说明;⑤针对被审计单位业务活动、内部控制和风险管理中存在的主要问题或者缺陷提出可行的改进建议,以促进组织实现目标。

（四）内部审计报告的构成要素

《第2106号内部审计具体准则——审计报告》第七条规定:内部审计报告因审计项目预定目的的不同而存在差异,一般的内部审计报告应包括以下基本要素:

1. 标题

应能反映审计的性质,力求言简意赅并有利于归档和索引。一般应当主要包括以下内容:①被审计单位名称;②审计事项(类别);③审计期间;④其他。

2. 收件人

应当是与审计项目有管理和监督责任的机构或个人。一般应当包括:①被审计单位适当管理层;②董事会或其下设的审计委员会或者组织中的主要负责人;③组织最高管理当局;④上级主管部门的机构或人员;⑤其他相关人员。考虑到各个组织的法人治理结构、管理方式差异,审计报告的送达单位或个人应当根据具体情况确定。

3. 正文

应当是审计报告的核心内容。一般应当包括以下项目:①审计概况;②审计依据;③审计发现;④审计结论;⑤审计意见;⑥审计建议。

4. 附件

应当包括针对审计过程,审计中发现问题所作出的具体说明,以及被审计单位的反馈意见等内容。如:①相关问题的计算及分析性复核审计过程;②审计发现问题的详细说明;③被审计单位及被审计责任人的反馈意见;④记录审计人员修改意见。明确审计责任、体现审计报告版本的审计清单;⑤需要提供解释和说明的其他内容。

5. 签章

内部审计报告应当由主管的内部审计机构盖章,并由以下人员签字:①审计机构负责人;②审计项目负责人;③其他经授权的人员。

6. 报告日期

一般采用内部审计机构负责人批准送出日作为报告日期。在以下情况使用相关的日期:①因采纳组织主管负责人的某些修改意见时;②内部审计人员在本机构负责人审批之后,又发现被审计单位存在新的重大问题时;③内部审计报告存在重要疏忽时。

(五)审计报告的主要内容

1.审计概况

（1）立项依据

在审计报告中,应当根据实际情况说明审计项目的来源:①审计计划安排的项目;②有关机构(外部审计机构、组织有关部门)委托的项目;③根据工作需要临时安排的项目;④其他项目。

（2）背景介绍

在审计报告中,应当对有助于理解审计项目立项,以及审计评价的以下情况进行简要描述:①选择审计项目的目的和理由;②被审计单位的规模、业务性质与特点、组织机构、管理方式、员工数量、主要管理人员等;③上次同类审计的评价情况;④与审计项目相关的环境情况;⑤与被审计事项有关的技术性文件;⑥其他情况。

（3）整改情况

如有必要,应当将上次审计后的整改情况在审计报告中加以说明。

（4）审计目标与范围

在审计报告中,应当明确地陈述本次审计的目标,并应与审计计划提出的目标相一致;还应当指出本次审计的活动内容和所包含的范围。如果存在未进行审计的领域,应当在报告中指出,特别是某些受到限制无法进行检查的项目,应说明受限制无法审计的原因。

（5）审计重点

在审计报告中,应当对本次审计项目的重点、难点进行详细说明,并指出针对这些方面采取了何种措施及其所产生的效果,也可以对审计中所发现的重点问题作出简短的叙述及评论。

（6）审计标准

财务审计的标准主要是国家有关部门所颁布的会计准则、会计制度以及其他相关规范制度。管理审计的标准主要是组织管理层已制定或已认可的各项标准。

2.审计依据

审计依据是审计人员在履行审计职责时作出审计判断和进行审计处

理的标准,包括方针政策等宏观性依据、法律法规等中观性依据和技术经济指标等微观性依据。

3.审计发现

审计发现是内部审计人员在对被审计单位的经营活动与内部控制的检查和测试过程中所得到的积极或消极的事实。一般应包括以下内容:①所发现事实的现状,即审计发现的具体情况;②所发现事实应遵照的标准,如政策、程序和相关法律法规;③所发现事实与预定标准的差异;④所发现事实已经或可能造成的影响;⑤所发现事实在现状下产生的原因(包括内在原因与环境原因)。

4.审计结论

审计结论是内部审计人员对审计发现所作出的职业判断和评价结果,表明内部审计人员对被审计单位的经营活动和内部控制所持有的态度和看法。在作出审计结论时,内部审计人员应针对本次审计的目的和要求,根据已掌握的证据和已查明的事实,对被审计单位的经营活动和内部控制作出评价。内部审计人员提出的结论可以是对经营活动或内部控制的全面评价,也可仅限于对部分经营活动和内部控制进行评价。如果必要,审计结论还应包括对出色业绩的肯定。

5.审计建议

审计建议是内部审计人员针对审计发现提出的方案、措施和办法。审计建议可以是对被审计单位经营活动和内部控制存在的缺陷和问题,提出改善和纠正的建议,也可以是对显著经济效益和有效内部控制,提出表彰和奖励的建议。内部审计人员应该依据审计发现和审计证据,结合组织的实际情况和审计结论的性质,提出审计建议。审计建议可分为以下类型:

第一,现有系统运行良好,无须改变。

第二,现有系统需要全部或局部改变:①改进的方案设计;②方案实施的要求;③方案实施效果的预计;④未实施此方案的后果分析。

(六)审计报告编制的程序

第一,做好相关准备工作。

第二,编制审计报告初稿。审计报告初稿由审计项目负责人或者由其授权的审计项目小组其他成员起草。由其他人员起草时,应当由审计项目负责人进行复核。审计报告初稿应当在审计项目小组进行讨论,并根据讨论结果进行适当的修订。编制审计报告应当充分体现审计报告的质量要求。在审计报告正式提交之前,审计项目小组应与被审计单位及其相关人员进行及时、充分的沟通。

第三,征求被审计单位意见。审计项目小组与被审计单位的沟通,应当根据沟通内容的要求,选择会议形式或个人交谈形式。内部审计机构和人员在与被审计单位进行沟通时,应注意沟通技巧,进行平等、诚恳、恰当、充分的交流。审计项目小组应当根据沟通结果,对审计报告适当进行处理。

第四,复核、修订审计报告并最后定稿。审计报告应当由被授权的审计项目小组成员以及审计项目负责人、审计机构负责人等相关人员进行严格的复核和适当的修订。审计报告复核、修改后,再经与组织适当管理层充分沟通后,由经授权人员签章,提交给对审计项目负有责任的机构或个人。

第三节　审计终结与后续审计阶段

一、审计终结阶段

在完成审计报告审定工作后,就要进行资料处理和审计小结工作。主要包括:整理并归还审计资料,撤离审计现场,整理审计档案。

下列资料应存入档案:审计方案、审计通知书或审计委托书、审计工作底稿、审计报告、审计报告征求意见书及书面回执、审计时所依据的主要资料的复印件。

二、后续审计阶段

内部审计人员应在报送审计报告后,经过一段合理的时间,对被审计部门进行复查,看其是否采取了合适的纠正措施并取得了理想的效果;如果没有采取纠正行动,应调查是不是高级管理层或董事会的责任。内部审计人员一定要让管理者或董事会关注真实的和潜在的风险,但若管理者或董事会作出了接受风险和不采取纠正行动的选择,则内部审计人员没有进一步的责任。同样,如果管理者选择了内部审计人员建议以外的其他纠正方法也是如此。内部审计人员在实施后续审计时,要考虑到被审计部门的业务安排和时间要求,尽量减少对被审计单位的业务、职工以及先前审计过的业务的影响[①]。

《第2107号内部审计具体准则——后续审计》第二条规定:本准则所称后续审计,是指内部审计机构为跟踪检查被审计单位针对审计发现的问题所采取的纠正措施及其改进效果而进行的审查和评价活动。第四条规定:对审计中发现的问题采取纠正措施,是被审计单位管理层的责任。评价被审计单位管理层所采取的纠正措施是否及时、合理、有效,是内部审计人员的责任。内部审计机构可在规定的期限内,或与被审计单位约定的期限内实施后续审计。

(一)后续审计的主要内容

第一,把原审计结论处理决定中所提出问题的落实执行情况列为后续审计的重要内容。检查被审计单位有无认真采取整改措施,改正或处理有关的人和事是否有效。对于尚未得到采纳、执行的有关问题,要认真分析、查明原因;对于因故拖延不改或措施不给力的,要督促其尽快采取措施解决;对于故意推脱延迟、拒不执行的,应责令其在限期内改正。

第二,检查上一次审计时已查出的问题有无重犯情况,特别要深查那些隐瞒较深,上次审计时因某种原因(如时间仓促、人力有限、线索不够)未能见底的问题。例如,挪动、转移建设资金,挤占建设成本等。

第三,审计有无产生新问题。有的单位钻空子,避开已审计过的问题,在别的方面做文章。例如,违反财经纪律的新方式,新计划外工程,损失浪费都有可能重新发生。

第四,检查上一次的审计质量和审计报告的质量。回顾工作中有无不妥或失误之处,审计决定有无不够客观、不够准确或者操作不便的情况。通过自我复审,利于改进工作,提高审计质量,树立审计的权威性。

后续审计是审计工作程序不可缺少的重要组成部分,是强化审计监督职能,深化审计内容,加快实现审计工作制度化、规范化的有效途径。

---

①邓夏露.国有企业小额采购存在的问题及审计对策[J].法制与经济,2021,30(11):131-134.

(二)后续审计的程序

内部审计机构负责人应编制后续审计方案,对后续审计作出安排。对于已采取纠正措施的事项,内部审计人员应判断是否需要深入检查,必要时可提出应在下次审计中予以关注。内部审计人员应根据后续审计的执行过程和结果编制后续审计报告。

第四节 国际内部审计师协会规定的内部审计程序

国际内部审计师协会(IIA)在《国际内部审计专业实务框架》(2017)的标准部分围绕内部审计程序的关键步骤做了明确规定。包括首席审计执行官必须制订以风险为基础的计划,以确定与组织目标相一致的内部审计活动重点。项目计划阶段,确定项目目标与范围(标准2200、2201、2210、2220),理解审计对象,识别和评估风险、关键控制点,评价控制有效性,制订方案,分配资源(标准2230、2240)等;项目实施阶段(标准2300、2310、2320、2330、2340),收集证据,评价证据及分析得出审计发现,形成建议:结果沟通阶段(标准2400、2410、2421、2430、2431、2440、2550、2600),评价审计发现及其收集程序,初步沟通,正式与非正式沟通等多种方式,确认结果得到反馈,开展后续审计等。

一、选择审计的对象

这里所说的审计对象是指需要进行审计的事项,它可能指组织内部被审计的某个具体工作部分,也可能是下属某个子公司的全部经营活动或某项经营活动的一部分。总之,组织内的任何一项经营活动都属于审计对象范畴[1]。

二、制订审计的计划

确定了审计对象之后,内部审计人员应针对审计事项编制相应的审计计划。大体要经过以下步骤:

---

[1]董炳辉,何郑博,郭沫涵. 房地产行业上市公司财务风险控制研究——以万科集团为例[J]. 中国市场,2022(11):142-144.

（一）确定审计目标

明确说明该项审计所要达到的最终目的,同时明确为达到这样的审计目的而需要采取的审计方法。例如,"……的充分性""确定……的有效性"等。内部审计师必须对与被检查活动相关的风险进行初步评估,业务目标必须反映该评估结果。

（二）确定审计范围

审计范围应围绕审计目标而确定,它更加详尽地界定了审计的广度和深度,但无论具体审计事项的性质如何,组织内的管理者要求如何,作为内部审计人员都应按照《国际内部审计专业实务框架》(2017)标准的要求确定具体审计事项的审计工作范围。即,确定的业务范围必须足以实现业务目标。确定业务范围必须考虑相关的制度、记录、人员和实物资产。一般来说,审计对象不同,则审计的深度和宽度要求不同,在落实审计工作的范围时,内部审计人员一定要明确,审计究竟是只涉及被审计的信息系统,或经营系统的某个方面还是多个方面,组织中的管理者要求审计涉及的深度如何等有关问题。

（三）取得与审计活动有关的背景资料

这些背景资料包括被审计事项的任务说明、目标和计划、组织概况,进行审计活动的预算资料、经营成果以及有关的财务会计资料,以前审计的工作底稿、其他审计的工作结果,用于可能出现的重要审计问题的有关档案资料,适用于该活动的权威性和技术性有关文件,其他相关资料等。通过收集上述这些资料,使审计人员能够对被审计事项有一个完整的了解和清晰的认识,这样可以保证审计活动的顺利有效进行。

（四）成立审计小组

审计小组是进行项目审计的主体,在正常情况下,审计小组人员的数量可在1~8人中确定,这要根据内部审计部门的人员编制情况和被审计事项的具体情况而定,确定审计小组的核心议题,有明确审计组组长和明确审计分工两项内容,审计小组组长负主要责任。

（五）与审计对象和有关人员联系并进行适当交流

为了更好地开展审计工作,审计小组在实施具体审计之前必须先与审计对象进行初步接触,并采用适当的方式了解与被审计事项有关的具体内容。同时,通报审计目标、审计工作范围和审计时间安排等,就此向被审计人员提出需要其配合的相关要求,最后下达审计通知书。

(六)制订初步审计方案

在上述工作的基础上,审计小组应着手编制初步审计方案。工作方案中必须包括识别、分析、评估和记录信息的程序。

(七)编制计划审计报告

计划审计报告不同于审计报告,它是对拟写的审计报告基本内容的具体安排与规划。在审计准备阶段,通过计划审计报告的形式,明确审计报告如何编制、何时报送及向谁报送等相关问题,以保证后期的审计报告能够按照规范的格式和要求编制完成。

(八)取得对审计工作计划的批准

审计工作计划必须在审计工作开始之前,取得内部审计经理或所指定者的书面批准方能遵照执行;调整审计工作计划必须及时取得批准,如果因某种原因而未能获得书面批准,也可以先取得口头批准。

三、初步调查

初步调查的目的是对被审计事项有一个详尽的了解和全面的认识,并力求取得被审计者的理解和支持,以保证审计工作的有效性。按照《国际内部审计专业实务标准》要求,初步调查包括以下主要工作:

(一)召开审计会议

召开有审计小组成员和审计对象的管理当局参加的审计会议,向审计对象的管理部门介绍拟开展的审计工作,进一步了解被审计事项的具体情况,并收集相关资料。

(二)进行实地考察

查看审计对象的经营场所,感受被审计部门的工作环境、工作流程、工作质量等相关内容,并通过实地考察与被审计部门员工进行直接接触,以获得第一手真实的资料。

（三）研究资料

审计人员对通过上述两个过程收集到的信息资料进行深入分析与研究,以明确资料本身是否真实、完整,资料所反映的内容是否与组织的章程要求相一致,资料的保管与存放是否安全等。

（四）进行书面描述

在上述工作完成之后,审计人员对审计对象有了一个完整的认识,因此,应以书面形式(包括文字叙述、图形表示、表格等)对审计对象的情况(包括信息系统和经营活动)进行描述,以便有效评价内部控制系统的恰当性。

（五）实施分析性审计程序

分析性审计程序是审计人员通过分析比较数据间的关系或比率来取证的一种方法。实施分析性审计程序,有助于审计人员更好地理解审计对象的情况,有助于保证审计程序的适当性,有助于及时发现问题和偏差,以降低审计成本、提高审计效率。所以,分析性审计程序具有较大的实用性。

四、描述、分析和评价内部控制制度

这项工作标志着内部审计工作的施行。其具体工作内容体现为三个方面。

（一）描述审计对象的内部控制制度

首先通过调查的方式向有关人员了解该部门的内部控制情况,收集与被审计事项有关部门的内部控制制度,了解组织内的业务循环及其分类。不同类型的企业,其业务循环的划分也有所不同。现以制造业为例,说明业务循环及其分类。制造业业务的内部控制,可以按下列四类业务循环划分进行研究和评价:①销售与收款循环;②采购与付款循环;③生产循环;④筹资与投资循环。

如何划分业务循环,应视企业的业务性质和规模而定。同时,不同的审计人员在检查内部控制中,也可以按照自己的判断去划分特定的业务循环。但不论如何划分,审计人员在检查中,应将主要精力集中在那些影响会计报表反映的内部控制环节上。

了解内部控制的程序:①询问被审计单位有关人员,并查阅相关内部控制文件;②检查内部控制生成的文件和记录;③观察被审计单位的业务活动和内部控制的运行情况。

内部审计人员了解内部控制所执行程序的性质、时间和范围,主要取决于以下因素:①审计对象经营规模及业务复杂程度;②审计对象数据处理系统类型及复杂程度;③审计重要性;④相关内部控制类型;⑤相关内部控制的记录方式;⑥固有风险的评估结果。

在上述工作的基础上,内部审计人员采用流程图、内部控制问卷和文字描述三种方式来描述内部控制制度的健全性情况。通过这一过程,内部审计人员能够对组织的内部控制有一个完整的了解与认识,并通过分析进一步明确原有的内部控制制度是否适当,有无必要进行修改与完善。因此,了解内部控制是内部审计人员评价内部控制的首要步骤。

(二)测试内部控制制度

在全面描述和初步分析的基础上,内部审计人员实施符合性测试程序,证实有关内部控制的设计和执行效果。在这项工作中,内部审计人员应首先选择若干具有代表性的交易和事项进行"穿行测试",而后进行小样本测试以了解经营系统内部控制的实施情况,同时进一步对信息系统进行测试,以检查审计对象在其经营过程中所依赖的信息系统是否可靠,信息本身是否真实完整。

内部控制测试主要包括运行测试与效果分析两个过程。运行测试,要测定内部控制各组成部分是否按原计划工作运行,检查正式的组织机构是否正常运行及相互间是否协调配合。效果分析是在测试的基础上进行的,即分析内部控制的优缺点,充分估计它们的影响,尤其要考虑资源在使用中是否有效这一基本问题。

(三)评价内部控制制度

对照内部控制理想、合适的理论模式,应对单位现行内部控制的恰当性和有效性进行评价。评价工作主要是指对具体问题的评价,并且要在评价的基础上进行更深入的检查和采取相应的措施。所谓对具体问题评价,主要是对浪费、损失、非授权使用或滥用职权等敏感性问题进行评价,或者叫作对薄弱部门的评价。具体评价是在有效性、合法性测试的基础上进行的,其目的是找出失控的原因,提出相应的改进与补救措施。

五、重估风险

在选择审计对象时，企业第一次使用了风险评估的方法，在内部控制的描述、测试和评价工作完成之后，企业需要利用其结果和所得到的信息对风险情况进行第二次评估，以判断审计的环境和条件是否有变、是否需要进行扩大性测试。

如果通过风险重估，觉得有必要进行扩大性测试的话，则需要进行如下工作：

（一）调整审计方案

其实，扩大性测试是相对于原来的审计方案而言的，即测试内容将超过原定方案的范围。在这种情况下，需要对原审计方案进行调整和补充，并要取得管理层的批准，同时配备与之相适应的审计人员，做好时间上的安排。

（二）编写书面审计报告的初步框架

审计报告的初步框架应包括审计报告的基本内容、审计报告所反映的主要问题及报告的篇幅、格式等相应内容。

（三）实施扩大性测试

扩大性测试与一般的内部控制测试要求基本一致，主要包括三项内容：①经营活动的范围及为保证这些经营活动有效开展的内部控制制度的建立情况；②对内部控制制度的执行情况进行测试，以评价其符合性程度；③评价内部控制设计及其执行的有效性程度。完成扩大性测试为审计人员得出审计结论和提出审计建议打下了基础，它是提高内部审计质量、降低内部审计风险的主要途径之一。

六、提出审计发现和审计建议

完成了对审计对象内部控制的描述、测试、评价及扩大性测试工作之后，内部审计人员就应将上述工作中所发现的问题揭示出来，并针对问题提出适当的审计建议。审计建议与审计发现前后对应，一般有四种类型。

第一，如果通过审计发现内部控制系统既能够满足组织开展活动的需要，又能保证内部控制的有效性，则建议不改变现行的内部控制系统，维护其完整性。

第二,如果通过审计发现原有的内部控制系统不能很好地满足组织开展活动的需要,且存在不完善之处,则建议修改或补充现行的内部控制系统。

第三,如果通过审计发现原有的内部控制系统不能很好地满足组织开展活动的需要,存在不完善之处且无法修改或补充,则建议通过保险转嫁因内部控制系统不完善而可能会出现的风险。

第四,对投资项目所要求的投资报酬率提出修改建议,以便反映与这些投资相关的风险。

七、报 告

编制并报送审计报告是审计人员的主要工作之一。审计报告应反映审计目标、审计范围、总体审计程序、审计发现和审计建议等内容。审计报告是审计人员实施审计的成果之一,它将审计工作的基本情况都涵盖其中,既是证明审计人员审计业绩的文件,又是审计对象的管理层纠正组织不当行为的依据。

审计报告可以由一般审计人员负责编写或审计小组组长编写,也可以由整个审计小组共同编写。审计报告一般是书面形式的,但也可以采用个人陈述式。如果是书面形式的报告,则要有审计人员签字。审计报告应一式多份,分别送交高级管理层、审计对象管理当局和审计委员会。此外,为便于以后工作,内部审计部门也应留有一份。在召开结束审计会议时,可以由审计小组的一名审计人员(通常是组长)对审计工作情况进行一个口头的综合性陈述,而后,审计人员和被审计者就其个人陈述的内容进行展开性的讨论。需要说明的是,无论是采用书面报告还是口头陈述,在正式提交审计报告之前,内部审计人员必须就审计发现和审计建议的相关内容向审计对象通报,与之交换意见,尽可能地消除误会,以便在向管理层报告之前及时解决问题。从严格意义上说,内部审计人员应当将审计对象的反馈意见一并包括在审计报告之中。

《国际内部审计专业实务框架》(2017)标准2410.A1要求,业务结果的最终报告必须包含适当的结论以及适当的建议和/或改进计划。在适用的情况下,内部审计人员应当出具审计意见。发表的审计意见必须考虑到高级管理层、董事会及其他利益相关方的预期,必须有充分、可靠、相关及有用的信息支持。鼓励内部审计师在业务结果报告中对令人满意的业绩予以认可。

八、后续审计

后续审计是指由高级管理层与内部审计人员共同完成的,对审计对象纠正经过审计发现的不当行为的情况进行审计的过程。它通常在前七项工作结束一段时间之后进行。后续审计的常见方式有三种:①高级管理层与审计对象协商,决定是否、何时、怎样按照审计人员的建议采取纠正行动;②审计对象按照决定采取行动;③在报送审计报告之后,经过合理的一段时间,内部审计人员对被审计者进行复查,看其是否采取了合适的纠正行动并取得了理想的效果,如果未采取行动,则分析相应风险及确认管理层对风险的接受态度。《国际内部审计专业实务框架》(2017)标准2500.Al要求,首席审计执行官必须建立后续程序,监督及确保管理层已采取有效措施,或高级管理层已接受不采取行动的风险。

九、审计评价

审计评价是指审计人员对自身的审计工作进行的评价。即在上述八项工作完成之后,内部审计人员全面分析自己在整个审计工作中的成绩和不足,同时对本次审计工作的效果情况进行总体评价,如审计工作的目标是否妥当、审计范围的确定是否合理、审计计划是否科学、审计过程是否有效、预期的审计目标是否如期达到等。同时,还需要评价本次审计对未来审计工作的指导意义。审计评价完成之后,需要编制业绩评价报告,以作为审计人员职位安排、晋升、奖惩的主要依据。

需要说明的是,如果根据工作安排,后续审计在审计报告完成之后,经过一个合理的时期才进行,审计评价工作可能在后续审计之前进行。因此,第八和第九两个阶段的工作顺序可能会有所变化。审计人员在进行审计时不要墨守成规,应具体情况进行具体分析,以保证审计目标的实现。完成上述工作之后,一个具体审计业务的内部审计工作宣告结束。

第三章　企业内部审计机构与内部审计人员

内部审计机构与内部审计人员是承担内部审计任务、履行内部审计职责的主体。随着内部审计职业发展,内部审计机构的设置经历了从无到有、从归属于财务部门到作为组织内部独立部门的演变,并随现代企业制度的建立和企业经营管理过程的复杂化,逐渐走进组织治理结构,并从为管理者服务这一单一职能,逐渐转为向组织整体负责的综合职能;对内部审计人员的素质要求,也逐渐从拥有财务会计知识为主,转向要拥有知识、技能和其他能力的集合。现代内部审计理念赋予内部审计主体更多的责任和期望,增加价值的目标选择,要求组织必须关注内部审计机构的设置和内部审计人员的专业胜任能力。为此,主要对内部审计机构设置和内部审计人员相关问题进行详细分析探讨。

第一节　企业内部审计机构的设置与选择

一、一个简要的分析框架

内部审计首先诞生在传统企业,并随着现代企业制度的建立逐渐走进组织治理结构,与董事会、高管层、外部审计一道,成为组织治理的"四大基石"。内部审计的本质是基于受托责任的管理控制,它产生于组织的自我需求。以此为逻辑起点,寻找企业设立内部审计机构的理论分析工具,应首先研究企业的性质和职能。传统管理理论认为,企业是一端连接投入、一端连接产出的"黑箱子"。现代管理理论认为,企业是由一组利益相关者组成的契约网络。现代管理理论之父、法国工业化学家亨利·法约尔(Henry Fayol)在其1916年出版的经典之作《工业和一般管理》一书中,将企业的经营职能划分为六个方面。

第一,技术方面——与生产有关的活动。

第二,商业方面——与购销有关的活动。

第三,财务方面——与资金供应及其有效使用有关的活动。

第四,安全方面——与保护人员和财产安全有关的活动。

第五,会计方面——反映所有领域与经营、财务和经济效益有关的活动。

第六,管理方面——反映所有领域与管理有关的活动。

他认为,上述一至三项是企业主要的基本的活动,四至六项是次要的一般的活动。因为前者是有关生产经营中的资金投入,资金周转和生产,供应、销售方面的活动,而后者是服务于生产经营的活动。

英国的安德鲁·钱伯斯认为,管理本身仅在企业其他职能范围内实施,业务检查是低层次的内部控制。从这个意义上说,内部审计具有内部控制的属性,是管理职能的构成部分。内部审计属于企业的主要职能,但从属性上看,它应该属于企业的安全职能,应加强经营活动(早期是会计活动)安全的需求,企业设立内部审计机构[①]。

二、内部审计模式及主要类型

早期,大多数企业内部审计部门是设在财务会计部门之中的,后来随着内部审计业务范围的拓展和独立性的要求,内部审计机构逐渐从财务会计部门分离出来。随着现代企业制度的建立和企业集团的不断形成,内部审计部门在组织中的位置也跌宕起伏。因组织利益相关者的主导需求不同,内部审计设置模式也有所不同。

我国审计法及有关规定大都强调在组织内部设立独立内部审计机构的重要性和必要性。现实中,我国营利性组织内部审计组织模式呈现多样化,非营利组织内部审计机构设置模式比较简单。因此,本节以企业为主阐述内部审计机构设置与模式选择问题。

(一)单一法人企业内部审计模式

从单一法人组织(以企业为主)的角度看,我国内部审计机构的设置主要有五种模式:①隶属于高管层;②隶属于财务部门负责人;③隶属于纪委书记(或纪检组组长);④隶属于董事会和高管层;⑤隶属于监事会与高

---

①冯鑫.内部审计信息系统绩效评价指标体系研究[D].西安:西京学院,2021:10-12.

管层。

(二)企业集团中内部审计机构设置与管理模式选择

一种以大企业为核心、以经济技术或经营联系为基础、实行集权与分权相结合的领导体制,规模巨大、多角化经营的企业联合组织或企业群体组织叫企业集团。

企业集团有不同于单一法人企业的股权结构,其中母公司既是一个由投资者、债权人、管理者、员工等不同利益相关者组成的契约网络,又是以法人形式出现的委托者,子公司与母公司一样,既是一个独立的法人,又是母公司的代理者。这种交叉层叠的委托代理关系,延长了企业集团的价值链,使其内部的委托代理关系更为复杂,这必然会影响企业集团的治理结构、治理效率和治理环境。因此,对置身于其中的内部审计要求也会有所变化。

分别置于母、子公司中的内部审计,要满足本企业增加价值的需要,镶嵌于其由经营活动组成的价值链中,并履行帮助本企业投资者(委托人)监督经营管理者(代理人)的职责,以满足投资者主导的"不同利益相关者利益最大化"的企业增值目标需求。从这个意义上说,母、子公司各自的内部审计具有相对的独立性。但是,由于母、子公司之间存在着委托代理关系,美国著名学者詹森和麦克林(1976)提出的"逆向选择""道德风险"等代理问题,即从单一企业内部扩展到集团企业法人层面。母公司为了更好地控制子公司,使其与母公司的价值取向一致,就必须付出"监督成本",包括雇用审计人员。

在目前的企业集团架构中,有的将之置于集团企业财务部门,通过设立首席财务官(CFO)或推行财务监督机构延伸母公司对子公司的监督职能,致使内部监督内容狭窄,尚不能很好完成帮助企业集团增加价值的目标任务:还有企业集团将这使命赋予了母公司的内部审计,使母公司的内部审计既承担对母公司本身的内部审计功能,又履行着对母公司投资的子公司的监督职责。就其子公司而言,它也可能是其子公司的母公司,其中的内部审计也会如同母公司一样集多重角色于一身。

目前,企业集团中内部审计管理模式主要有五种类型。

1. 分级管理模式

该模式是指企业各管理层级根据自己的需要设立内部审计机构,各级内部审计机构向本级管理层负责,各级审计机构的人事、行政经费都由本级管理层管理。在审计业务上,以本级管理层管理为主,上级审计机构可以有一定的指导作用。其优点是:集团企业内各层级的内部审计活动具有较好的适应性、灵活性和针对性。其缺点是:内部审计机构受本级企业的领导,内部审计独立性较弱,内部审计信息可能背离企业总体发展目标和管理要求。

2. 垂直管理模式

在该模式下,内部审计机构设置在集团企业总部,各层级的下属单位都不再设立内部审计机构,总部根据下属单位区域分布特点设置内部审计的派驻机构,对各自区域范围内部的所有单位进行审计。各内部审计派驻机构在人事、行政、经费及审计业务上,由总部审计机构统一管理。这种审计体制的主要特征是"上审下"。该模式比较适合于上下级单位,业务内容比较单一,管理体系本身就是垂直控制的企业,比如银行系统。

3. 垂直管理与分级管理相结合模式

在该模式下,各层级根据需要设置内部审计机构,各层级的内部审计机构对本级管理层负责。企业总部为了集团企业总体发展的需要,根据下级分(子)企业的区域分布特点设置内部审计派驻机构,该派驻机构对企业总部负责。这种体制的主要特征是"上审下"和"同级审"相结合,是现在国资委和审计署在大型中央企业中比较推崇的内部审计管理体制,代表目前现代内部审计模式的发展趋势,也是国资委和审计界在实际工作中主要采用的监督和审计模式。这种体制一方面对于下级内部审计机构在业务上受企业总部内部审计机构的指导和监督,具有较好的适应性、灵活性和针对性;另一方面对于企业总部派驻的内部审计机构,具有较高的独立性,能够站在企业整体的高度,对体制机制建设方面提出全局性建议。

4. 分级管理与垂直管理相结合模式

在该种模式下,各总部和二级单位都设置内部审计机构,二级单位内部审计机构执行总部80%以上的审计任务。各二级单位的审计机构向本级管理层负责,并且根据需要对三级单位实行派驻制,或设置审计联络员,三级及以下单位基本不设置内部审计机构。其优点是:加强二级单位内部审计的力量,能够较好地体现内部审计独立性的要求,而且二级单位可以集中审计力量,开展重大项目的审计,提高审计的效果。其缺点是:三级单位会出现不积极配合的情况,审计成本有可能提高,同时反馈到总部的审计信息也存在扭曲的可能性。

5. 集中管理与分级管理相结合模式

该模式是在企业总部设立一个功能完善的审计中心。审计中心审计力量强大、人员较多、职能泛化、分工明确。下属各级管理层根据需要设置审计机构。审计中心对下级审计机构的审计计划实行统筹管理,统筹调配审计资源。其优点是:上级审计机构对下级审计机构的业务指导具有较强的力度,上级审计机构对其所属单位的内部审计具有较高的控制能力。其缺点是:审计工作调控集中在总部,不利于及时了解和发现所属单位业务经营发展中的矛盾和问题。

三、内部审计机构模式的国际比较与最佳范式

纵观国际知名跨国企业集团,国家经济发展模式、治理结构及内部控制机制方面的差异形成了三大类型的内部审计模式,即以英美企业为代表的董事会和高管层双重管理模式(美国模式),以德国及欧盟企业为代表的监事会和高管层双重管理模式(德国模式),以日韩企业为代表的隶属于高管层的管理模式(日本模式)。

各个国家内部审计模式的差异,主要来源于国家经济发展模式和企业集团企业治理模式的差异。现有研究表明,企业内部审计机构向董事会和高管层双重汇报的模式越来越成为国际内部审计发展的主流模式。

四、法律法规及准则对设立内部审计机构的相关规定

尽管内部审计机构的设置是组织内部的事,但为了保证审计质量,国内外相关法律、法规及准则等对其也有明确规定。本书无法也没必要将所有相关的法律法规加以罗列,依据重要性和适用性原则,摘取其中的重要条款进行描述,期望能够给企业管理层、内部审计人员等以启迪并能够适当遵循。

(一)国际内部审计准则的相关规定

国际内部审计专业实务框架(IPPF)属性标准1110——组织上的独立性:"首席审计执行官必须向组织内部能够确保内部审计部门履行职责的

层级报告。首席审计执行官必须至少每年一次向董事会确认内部审计部门在组织上的独立性。"

IPPF工作标准2060——向高级管理层和董事会报告:"首席审计执行官必须定期向高级管理层和董事会报告内部审计活动的宗旨、权利、职责及其与计划有关的工作开展情况。"

(二)中国内部审计准则的相关规定

中国内部审计准则(2014年1月1日实施)第1101号——内部审计基本准则第二十四条规定:"内部审计机构应当接受组织董事会或者最高管理层的领导和监督,并保持与董事会或者最高管理层及时、高效的沟通。"

第2302号内部审计具体准则与董事会或者最高管理层的关系第四条:"内部审计机构应当接受董事会或者最高管理层的领导,保持与董事会或最高管理层的良好关系,实现董事会、最高管理层与内部审计在组织治理中的协同作用。"第五条:"对内部审计机构有管理权限的董事会或者类似的机构包括:①董事会;②董事会下属的审计委员会;③非营利组织的理事会。"第六条:"对内部审计机构有管理权限的最高管理层包括:①总经理;②与总经理级别相当的人员。"

(三)《中华人民共和国审计法》及《中华人民共和国审计法实施条例》

我国2021年修正颁布的《中华人民共和国审计法》第二十八条规定:"审计机关可以对被审计单位依法应当接受审计的事项进行全面审计,也可以对其中的特定事项进行专项审计。"

2010年修订颁布的《中华人民共和国审计法实施条例》第二十六条规定:"依法属于审计机关审计监督对象的单位,可以根据内部审计工作的需要,参加依法成立的内部审计自律组织。审计机关可以通过内部审计自律组织,加强对内部审计工作的业务指导和监督。"

(四)审计署关于内部审计工作规定

审计署对2003年颁布的《审计署关于内部审计工作的规定》进行了全面修订,并于2014年1月发布了《内部审计工作规定(征求意见稿)》。其中第二章"内部审计机构和人员"第十条:大型国有和国有资本占控股地位或者主导地位的企业(含金融机构,下同),或者有关规定对设立内部审计机构有明确要求的企业,应当设立内部审计机构。中小型国有和国有资本占控股地位或者主导地位的企业,可以根据需要设立内部审计机构。未设立内部审计机构的,应当指定相关机构履行内部审计职责。鼓励前两款规定以外的其他企业设立内部审计机构。

第十一条:企业设立董事会的,内部审计机构应当在董事会和高级管理层主要负责人(总经理或者总裁,下同)领导下开展审计并向其报告工作。董事会主要负责批准内部审计基本制度、年度审计项目计划和预算、审批年度审计工作报告和重大项目审计报告、监督审计结果的落实等事项。企业高级管理层主要负责人主要负责执行内部审计制度。保障履行职责所必需的资源,组织领导内部审计工作、组织审计结果的落实等事项。

第十二条:企业未设立董事会的,内部审计机构应当在高级管理层主要负责人领导下开展审计并向其报告工作。

第十三条:大型国有和国有资本占控股地位或者主导地位的企业,或者有关规定对设立首席审计官(或称总审计师等,下同)有明确要求的企业,应当设立首席审计官职位。

五、内部审计机构设置的基本原则

(一)独立性原则

独立性可使内部审计师作出公正的、不偏不倚的判断,这对业务工作的恰当开展是必不可少的。独立性与客观性是审计监督区别于其他监督形式的主要特征,失去了独立性,审计也就改变了性质。与外部审计相比,内部审计的独立性主要是以"内部审计机构在组织中的地位"为基础保障。

IIA在《国际内部审计专业实务标准》1100——独立性与客观性规定:"内部审计部门必须保持其独立性,内部审计师必须客观地开展工作。"

(二)效率性原则

审计是组织治理不可或缺的重要组成部分,审计监督机制应本着效率性原则进行设计,这样可使审计监督机制依分权的层次,自上而下形成有机的整体,内部审计机构也不例外。以企业制企业为例,监事会、审计委员会和内部审计机构在组织中应既有明确分工，又有上下衔接与合作，充分发挥整体运作的效能。内部审计应围绕股东大会、董事会、高级经理层和职能部门这样一个完整的代理链而形成一个有层级的组织体系，使内部审计工作紧紧围绕企业内部的所有利益相关者而充分展开。

（三）灵活性原则

针对企业规模和组织结构，不同的企业组织形式应灵活采取不同的内部审计机构设置模式。

第一，根据代理理论，内部审计能够约束委托人和代理人之间的契约关系，而且内部审计可以帮助委托人解决信息不对称问题，监督代理人的行为。在复杂的商业环境中，信息不对称问题更加突出，规模大小不同的企业，其内部环境差别很大。从一定意义上说，大规模企业对内部审计具有强烈的要求，而较小规模的家族制企业对内部审计的需求程度可能会相对较弱。因此，内部审计组织是否存在、以何种方式存在等一系列问题，都应视企业属性和规模大小而定。

第二，所有者是通过代理关系来控制企业的经营活动，所有者控制机制不同的企业，其内部审计机构的类型也应有所不同。

第三，不同的组织中，委托人和代理人追求的目标不同，他们的内部审计工作侧重点也有所不同，相应的，其设置内部审计机构的方式也有所不同。

第四，组织发展的不同阶段，对内部审计的要求有所不同。内部审计机构应结合组织实际发展的需要在内部审计机构设置上作出相应调整。

第二节　企业内部审计机构的职责与权限

一、内部审计机构的职责

审计署发布的《审计署关于内部审计工作的规定》：第十二条　内部审计机构或者履行内部审计职责的内设机构应当按照国家有关规定和本单位的要求，履行下列职责。

第一，对本单位及所属单位贯彻落实国家重大政策措施情况进行审计。

第二,对本单位及所属单位发展规划、战略决策、重大措施以及年度业务计划执行情况进行审计。

第三,对本单位及所属单位财政财务收支进行审计。

第四,对本单位及所属单位固定资产投资项目进行审计。

第五,对本单位及所属单位的自然资源资产管理和生态环境保护责任的履行情况进行审计。

第六,对本单位及所属单位的境外机构、境外资产和境外经济活动进行审计。

第七,对本单位及所属单位经济管理和效益情况进行审计。

第八,对本单位及所属单位内部控制及风险管理情况进行审计。

第九,对本单位内部管理的领导人员履行经济责任情况进行审计。

第十,协助本单位主要负责人督促落实审计发现问题的整改工作。

第十一,对本单位所属单位的内部审计工作进行指导、监督和管理。

第十二,国家有关规定和本单位要求办理的其他事项。

二、内部审计机构的权限

审计署发布的《审计署关于内部审计工作的规定》:第十三条 内部审计机构或者履行内部审计职责的内设机构应有下列权限[1]。

第一,要求被审计单位按时报送发展规划、战略决策、重大措施、内部控制、风险管理、财政财务收支等有关资料(含相关电子数据,下同),以及必要的计算机技术文档。

第二,参加单位有关会议,召开与审计事项有关的会议。

第三,参与研究制定有关的规章制度,提出制定内部审计规章制度的建议。

第四,检查有关财政财务收支、经济活动、内部控制、风险管理的资料、文件和现场勘察实物。

第五,检查有关计算机系统及其电子数据和资料。

第六,就审计事项中的有关问题,向有关单位和个人开展调查和询问,取得相关证明材料。

第七,对正在进行的严重违法违规、严重损失浪费行为及时向单位主

---

①付慧丽. 数据式审计在企业集团公司的应用——以京东方为例[J]. 财会通讯,2022(07):130-135.

要负责人报告,经同意作出临时制止决定。

第八,对可能转移、隐匿、篡改、毁弃会计凭证、会计账簿、会计报表以及与经济活动有关的资料,经批准,有权予以暂时封存。

第九,提出纠正、处理违法违规行为的意见和改进管理、提高绩效的建议。

第十,对违法违规和造成损失浪费的被审计单位和人员,给予通报批评或者提出追究责任的建议。

第十一,对严格遵守财经法规、经济效益显著、贡献突出的被审计单位和个人,可以向单位党组织、董事会(或者主要负责人)提出表彰建议。

第三节　企业内部审计人员

一、内部审计人员的职业道德素养

(一)IPPF中的"职业道德规范"

2009年1月,IIA颁布的《国际内部审计专业实务框架》(IPPF)将"职业道德规范"确定为"强制推行部分"。该部分对内部审计人员明确地提出了四个最基本要求:诚信、客观、保密和胜任。这四项要求通过原则和行为规则两个层次加以明确和规范[1]。

(二)中国内部审计协会颁发的内部审计人员职业道德规范要求

中国内部审计协会颁布的第1201号——内部审计人员职业道德规范(2014年1月1日实施)对内部审计人员的职业道德提出了如下要求:

第一,内部审计人员在从事内部审计活动时,应当保持诚信正直。

第二,内部审计人员应当遵循客观性原则,公正、不偏不倚地作出审计职业判断。

第三,内部审计人员应当保持并提高专业胜任能力,按照规定参加后续教育。

第四,内部审计人员应当遵循保密原则,按照规定使用其在履行职责

---

①周诚浩.基于内部控制视角的财务风险控制研究[J].会计师,2021(20):76-77.

时所获取的信息。

第五,内部审计人员违反本规范要求的,组织应当批评教育,也可以视情节给予一定的处分。

二、内部审计人员的素质要求

内部审计人员的素质主要表现在知识、技能和其他能力三个方面(见表3-1)。

表3-1　内部审计人员的素质要求

内部审计人员素质	要求
知识要求	熟练地应用内部审计标准、程序、技术
	精通会计和财务管理知识
	了解和熟悉管理规则
	掌握经济学、公司治理、战略管理、内部控制、风险管理、法律法规等相关学科知识
技能要求	政策研究
	审计取证
	资料汇总
	归纳提炼
	专业判断
	统计抽样
	分析推理和评价
	计算机应用
其他能力要求	良好的沟通表达能力
	乐于学习、进取奉献
	适应环境、承受压力
	具有洞察事物和冷静思考的能力
	审计事项管理能力

内部审计人员素质	要求
其他能力要求	具有果敢、决断的能力
	具有独立并妥善解决问题与克服困难的能力
职业审慎性要求	内部审计师必须具备并保持合理的审慎水平和胜任能力所要求的谨慎和技能。但是,应有的职业审慎并不意味着永不犯错
职业发展要求	内部审计师应通过继续职业发展来增长知识、提高技能及其他方面的能力

三、内部审计人员的立场

内部审计工作范围广泛。因此,内部审计人员在办理审计事项时,应坚持如下立场:

（一）以组织整体利益为依据

不论是什么样的组织单位,也不论是处于什么样的审计地位,只要从事内部审计工作,不管审计环境如何变化,内部审计人员都应具备"综合审计"的观念。因此,在实施审计或提出建议和报告时,内部审计人员不仅要考虑被审计事项本身的情况,而且要全面衡量组织的整体利益,站在维护整体利益的立场,内部审计人员不应该计较个人在其中的得与失,保持奉献精神,提供最佳服务。

（二）争取超然独立的地位,保持客观的态度

为了保持超然的审计地位,内部审计人员不能参与被审计单位(目前或将来的审计对象)任何实际作业,包括记录登记和报表编制,以及其他任何可能损害其独立性的活动。在客观态度方面,内部审计人员从事观察、分析、考虑、决策、建议时,应该摒弃个人的任何偏见。以事实为依据,作出符合逻辑的推论,在对外报告与对内联系方面,注意语气及措辞,避免由于表达不清而使他人产生误解或发生偏见。

（三）在审计工作中与有关方面保持良好的关系

首先,需要明确,由于内部审计范围的日益扩展和审计内容的不断延

伸,内部审计单位与外界的接触面也日趋扩大,并且由于当前内部审计的目标是帮助组织增进效能,提高其附加价值,因而,内部审计人员必须将以往的消极"监察管制"观点转变到"经营管理伙伴"的观念上,否则就无法圆满地完成审计任务。其次,随着组织经营规模的扩张和分工的细致,组织内任何一个部门想完全不依赖其他部门的协作而深入地开展自己的本职工作已不太可能,分工要求协作,内部审计工作也不例外,它需要其他部门的配合与帮助。再次,内部审计部门在实施内部审计时,肯定会发现问题,按照审计职责要求,内部审计人员有责任建议相关部门解决问题、纠正偏差,并督促其建议能够付诸实施、取得实效,因此,需要被审计单位的配合与协助。从上述分析过程看,内部审计人员在办理审计事项时,除了要搞好本部门内部的人际关系,还需要处理好与其他部门之间的关系,尤其是与被审计部门之间的关系。

毫无疑问,任何被审计单位都不希望别人对自己实施审计,更不希望在审计中查出问题,这是显而易见的事实。因为内部审计查核出的问题可能会影响被审计单位的工作成绩,影响被审计单位领导的政绩,影响被审计单位一般工作人员的业绩,影响其发展,也会影响到整个部门在组织内外的整体形象和信誉。因而,从被审计者的角度看,从一开始就抵触内部审计是可以理解的。另外,内部审计还要求被审计单位纠正其工作上出现的一些错误,这就意味着令其改变一贯的工作作风和行为习惯,这自然会导致其对内部审计的排斥与反感。这种对立情绪的存在,会直接影响内部审计的成效。为此,内部审计人员应本着下列原则逐渐改进其审计技术和方法,尽力与被审计部门保持良好的关系。

1. 注意平时的沟通

从组织机构设置要求上看,内部审计部门与其他部门一样,都是组织内的一个职能部门,具有平等的地位。因而,在实施具体的内部审计之余,内部审计人员应注意与其他部门的沟通,保持一定的往来关系,增进友谊,主动创造融洽的氛围和环境,提供建立良好关系的条件。

2. 取得上级的充分支持

在协调部门之间的关系过程中,上级领导有一定的权威性,内部审计部门应注意与上级领导的沟通与交流,不断向其报告审计工作情况,以取得上级领导的支持和理解。这样,在遇到问题时,能够通过领导协调而使问题及时得到解决。

3.争取被审计单位的理解

内部审计部门可以采取任何方式,直接或间接地向被审计单位灌输内部审计的职责、工作范围和工作目标,并不断强调内部审计目标与其他职能部门目标之间的一致性,这样可得到被审计单位的理解,从而消除隔阂。

4.注意审计的技巧性

在实施审计之前,内部审计人员应与有关部门举行协调会议,对具体审计事项的相关内容进行说明和介绍;在审计过程中,不单纯为了检查其问题,还要注意发现被审计单位的工作成就。对于问题部分,不必夸大其词,不必急于通报上级,而应帮助其分析原因,寻找解决问题的对策;如果在审计中发现被审计单位的工作成就,比如技术创新等,则及时给予肯定,必要时可向上级管理层报告。在编写审计报告时,应注意用词得当、表达清晰、语气平缓、实事求是,同时要注意,在将审计报告报送上级领导审阅之前,应先征求被审计单位的意见,以消除不必要的猜疑和误会。

总之,在实施内部审计时,内部审计人员应站在医师、顾问、导师和朋友的立场,对被审计单位提供建议、解答和释疑,以诚恳的态度担任上级与下级单位之间联系与协调的角色。

第四章　企业内部审计管理方法

内部审计管理的目的是有效发挥内部审计部门的组织功能,提高审计工作效率,完善为企业实现增值服务的本质功能。

一个理想的内部审计工作管理体系,应包括支持保障系统、人力资源系统和业务管理系统。支持保障系统为审计业务工作提供财力、物力和其他行政方面的保障,使审计工作能有一个良好的物质环境;人力资源系统为审计业务工作提供具备资格和能力的审计人员,并通过建立责任体系和培训管理,保证和提高审计工作的质量;业务管理系统通过期间计划的制订和落实来控制审计业务工作的进程,保证审计任务的完成。

内部审计工作管理体系中的各项管理制度协调配合,合理调配审计部门的人、财、物,协调审计任务,并通过审计作业过程的严格监督和控制取得满意的结果,以保证内部审计工作能在一个良好的环境中高质量、高效率地运行。

第一节　企业内部审计机构管理

内部审计机构的管理是指内部审计机构对内部审计人员和内部审计活动实施的计划、组织、领导、控制和协调工作。内部审计机构应当接受组织董事会或最高管理层的指导和监督,内部审计机构负责人对内部审计机构管理的适当性和有效性负完全责任[①]。

一、内部审计机构管理的目的

内部审计机构的管理应达到以下目的:①实现内部审计目标;②使内部审计资源得到经济和有效的利用;③提高内部审计质量,更好地履行监

①傅少华,秦天竺,等. 行政事业单位内部控制建设存在问题及改进建议[J]. 中国农业会计,2022(4):22-23.

督与评价的职责;④使内部审计活动符合内部审计准则的要求。

二、内部审计机构管理的途径、方式及内容

内部审计机构应当制定内部审计章程。章程应当采用书面形式对内部审计活动的目标、权限和职责进行正式规范,并报经董事会或最高管理层批准。内部审计章程应包括以下主要内容:内部审计目标;内部审计机构在组织中的地位;内部审计机构的职责和权限范围;其他需要明确的事项。

内部审计机构应建立合理、有效的组织机构,多层级组织的内部审计机构可实行集中管理制或分级管理制。集中管理制下,可对下级组织实行内部审计派驻制或委派制;分级管理制下,上级内部审计机构应通过适当的组织形式和方式,对下级内部审计机构进行指导和监督。内部审计机构管理的内容主要包括以下方面:计划编制;人力资源管理;组织协调;领导与沟通;审计项目业务控制。

三、内部审计机构的部门管理

部门管理是指内部审计机构在运行过程中的一般性行政管理。

(一)年度审计计划

内部审计机构应当在考虑组织风险、管理需要和审计资源等因素的基础上编制年度审计计划。

(二)人力资源管理

内部审计机构应当根据内部审计目标和管理需要,加强人力资源管理,确保人力资源利用的充分性和有效性。该项管理包括:内部审计人员的聘用;内部审计人员的培训;内部审计人员的工作任务安排;内部审计人员的知识结构及专业能力分析;内部审计人员的工作任务安排;其他有关事项。

(三)财务预算

内部审计机构应当根据年度审计计划和人力资源计划编制财务预算。编制财务预算时应考虑以下因素:内部审计人员的数量;审计工作的安排;内部审计机构的行政管理活动;内部审计人员的教育及培训要求;审计工

作的研究和发展;其他有关事项。

(四)审计工作手册

内部审计机构应当根据组织的性质、规模和特点,编制审计工作手册,以指导内部审计人员的工作。审计工作手册应包括以下主要内容:内部审计机构的目标权限和职责的说明;内部审计机构的组织、管理及工作说明;内部审计机构的岗位设置及岗位职责说明;主要审计工作流程;内部审计质量控制政策与程序;内部审计道德规范和奖惩措施;内部审计工作中应注意的事项。

内部审计机构和人员应在组织董事会或最高管理机构的支持下,做好与组织其他机构和外部审计的协调工作,以减少重复工作,提高审计的效率。内部审计机构应当接受组织董事会或最高管理层的指导和监督,在日常工作中保持经常的沟通,定期向其提交工作报告。内部审计机构应当制定内部审计质量控制政策与程序,通过实施持续、有效的督导,内部自我质量控制与外部评价,保证审计质量。

第二节　企业内部审计项目管理

项目管理是内部审计机构对审计项目业务工作的管理与控制。

根据我国改革的市场化、国际化方向,内部审计应该逐渐与国际接轨,突出现代企业内部审计的特点。我国现代企业内部审计计划划分为三个层次,即审计战略计划、审计期间计划和审计项目计划[①]。

一、内部审计项目计划

内部审计项目计划是对具体审计项目实施的全过程所做的程序、时间、人员的安排。内部审计部门以企业风险为基础确定了期间审计计划后,具体审计项目计划就要按照期间计划逐项开展,制订项目审计计划也就成为保证期间计划完成和战略计划执行的基础。

内部审计机构应根据年度审计计划确定的审计项目编制项目审计计

---

①洪熙璟.T融资担保公司风险管理研究[D].昆明:云南财经大学,2021:12-13.

划并组织实施,在实施过程中做好审计项目业务管理与控制工作。

制订项目计划应考虑如下因素:经营活动概况;内部控制的设计及运行情况;财务会计资料;重要的合同、协议及会议记录;上次审计的结论;建议以及后续审计的执行情况;外部审计的审计意见;其他与该项目有关的重要情况。

二、内部审计机构与项目负责人职责

在审计项目进程中,内部审计机构负责人与项目负责人应充分履行各自的职责,以确保审计质量,提高审计效率。

内部审计机构负责人对审计项目的管理负领导责任,职责范围主要包括:选派审计项目负责人,并对其进行有效的授权;审批项目审计计划;对审计项目的实施进行总体督导;审定并签发审计报告;其他审计事项。

审计项目负责人对审计项目的管理负直接责任,职责范围主要包括:制订项目审计计划;制订审计方案;组织审计项目的实施;对项目审计工作进行现场指导;编制审计报告;组织后续审计的实施;其他有关事项。

三、内部审计项目管理的方法

内部审计机构应采取适当的管理辅助手段,完善和改进项目管理工作,保证审计项目管理与控制的有效性。这些管理辅助手段可以包括以下主要内容:审计工作授权表;审计任务清单;审计会议议程;审计工作底稿检查表;审计文书跟踪表;其他管理辅助手段。

第一,审计工作授权表是审计经理任命审计组织的一个正式表格,以此来明确审计项目组织的责任和权限,表中注明了他们完成任务的具体安排。

第二,审计任务清单是反映审计执行中的管理细节的清单,包括每日工作、每周工作、审计步骤等详细计划安排。

第三,审计会议议程是组织和开展审计项目的重要环节。在计划阶段,审计小组根据进点前了解的被审计单位情况和以前审计情况召开小组会议,对审计重点和注意事项做统一安排,以便审计成员在实施中有的放矢;在审计进点会上,审计人员要了解被审计单位对单位经营现状以及前期审计报告所提问题的整改情况,在此基础上进行审核就会提高审计效率;审计过程中若发现比较严重的问题或需要小组全体协商、沟通的问题时,召开小组沟通会是很必要的;在现场审计结束后,审计小组需要召开审计发现问题汇总和审计情况小结会议,便于审计组长了解审计总体情况。

第四,审计工作底稿检查表是审计组长进行审计复核和汇总的载体,它可以通过文件形式把审计组长要求审计员纠正与修改的重点和意见传达给审计组成员。

第五,审计文书跟踪表特别适用于那些要求在组织内部将报告发给为数众多的大型内部审计部门,因为并非所有的内部审计部门都采用了正式的报告发送。如果没有该跟踪表,审计中一些重要步骤的某些细节,如审计报告的传递,就可能忽略甚至造成管理失误。

第三节　企业内部审计质量评价

一、审计质量

(一)审计质量的概念

一般从结果上讲,质量是指产品或服务的优劣程度。审计的产品是审计报告和审计结论。审计质量就是审计部门最终提供的审计报告和审计结论的质量,即审计报告和结论对报告使用人的价值贡献程度。对现代企业内部审计而言,内部审计质量就是在为企业防弊、兴利、增值过程中的效果。

从过程上讲,质量是指在产品或服务生产过程的各项工作的优劣程度。审计质量就是审计部门从事各项工作的优劣程度,是指所有审计工作的总体质量,即各项审计部组织内部工作的有效程度,包括各项内部管理制度的制定、审计计划的实施、审计人员的选聘及培训与分工、审计档案管理等工作的合理性和有效性等。

审计工作的质量是基础,它决定了审计报告和结论的质量,审计报告和结论的质量又体现了审计工作的质量。首先,审计报告和结论的质量要由制度基础来保证;其次,合理的人员配置、职责分工以及专业技能的利用也是优良的审计报告和结论产生的前提①。

(二)审计质量的标准

审计工作质量标准就是内部审计规范体系。如IIA的《内部审计职业道德规范》(内部审计实务标准),我国的内部审计规范有《内部审计准则》《内部审计人员道德规范》等。内部审计工作质量的评价标准,也就是看内部审计部门组织工作、开展审计项目是否严格按照这些规范进行。

审计报告和结论质量标准是指审计报告和结论所要达到的水平,也是报告使用人对审计结论的要求。IIA和我国内部审计协会都对审计报告的标准有比较明确的规定。

二、审计质量控制

控制好工作质量,从而也就保证了产品及服务的质量,审计组织为使其所承担的审计工作能够按照审计的基本原则进行,保证审计结果的质量,就必须对审计工作的质量进行控制。审计质量控制就是审计组织和审计人员运用审计质量标准,对各项审计工作或具体审计项目全过程的质量进行的约束活动,借以提高审计工作水平和效率,从而保证审计结果的质量。内部审计质量控制是指内部审计机构和人员为确保其审计质量符合内部审计准则的要求而制定和执行的一系列政策和程序。

加强内部审计质量控制的重要作用体现在:①内部服务职能发挥好坏有赖于内部审计质量的控制;②加强质量控制可以有效降低内部审计风险,发挥好内审监督职能;③内部审计部门地位的提高有赖于其工作的价值,质量控制保证了内部审计在促进企业价值增值过程中的作用。

三、控制措施

审计质量控制措施是指为实现审计目标、规范审计行为而建立的一系列规章制度和相应的技术方法等,它是对审计实施过程的一种行为控制。现代企业内部审计质量控制措施强调的是全过程、全方面的控制。

(一)审计环节的营造

如果审计人员的客观性是目的,独立性就是实现其客观性的必要条

---

①胡婉琳.基于风险导向的物资采购内部审计研究[D].西安:西京学院,2021:23-25.

件,良好的独立性环境保证了审计部门及审计人员不受干扰地从事工作,所以从内部审计部门的设置和审计人员的安排都要保证独立性,这也是最为重要的质量控制措施。董事会和各级管理层要为内部审计部门及人员能够严格遵守《内部审计准则》和《内部审计人员职业道德规范》营造独立性的氛围。

(二)人员素质的控制措施

聘用的内部审计人员能力要与其岗位职责匹配;为内部审计人员提供持续发展的机会和动力;根据审计项目的具体要求委派相应的审计人员;参与项目实施的内部审计人员素质要胜任其任务,对有特殊要求的任务要咨询和利用专家的技能。

(三)审计过程的控制措施

审计过程的质量控制好坏将直接关系到审计项目结果的优劣,所以对过程的控制就是整个质量控制体系的关键环节。这些措施有:①计划;②记录;③复核;④回避;⑤轮换。审计计划要做到职责明确,每个内审人员都要对自己完成的任务负责,在此基础上的内部复核制度要能够保证所有的具体审计事项得到审核。

(四)审计质量的评价

对内部审计质量进行的定期评价也是内部审计质量控制的必要措施。包括内部评价和外部评价。

IIA《内部审计职业实务框架》1300系统属性标准,即质量保证和改进项目中,规定审计执行主管应制定并坚持开展质量保证与改进项目。该项目应涵盖内部审计活动的方方面面,并不断监督内部审计活动的效果。设计该项目要有助于内部审计活动增加价值、改善机构的经营状况,并确保内部审计活动遵循《内部审计实务标准》与《内部审计人员职业道德规范》。我国《内部审计具体准则第19号——内部审计质量控制》规定,内部审计机构应通过持续和定期的检查对内部审计质量进行考核和评价。同时,也要求内部审计机构负责人应按照组织适当管理层的要求,并结合实际情况,建立、实施外部评价制度。

第四节　企业内部审计风险及防范

一、内部审计风险概述

(一)内部审计风险的概念

内部审计风险可以概括为狭义的审计风险和审计职业风险两个方面。

狭义的审计风险是指审计人员无意识地发表了不恰当的、偏离客观事实的审计结论,并因此遭受损失的可能性。既包括把客观上是正确的东西判断为错误的,并给予否定的 A 风险,也包括把客观上是错误的东西判断为正确的,而加以肯定的 B 风险。

审计职业风险主要是指虽然内部审计人员根据审计规范采取了正确的审计程序,发表了恰当的审计意见,但因为审计机构和审计人员之外的原因,使审计机构和审计人员受到损失和伤害的可能性。这些原因主要包括审计资源的有限性、被审计单位存在的固有风险等。在内部审计机构所在的组织的管理层对上述原因没有了解的情况下,有可能对内部审计的期望过高,对内部审计职业的发展构成影响①。

(二)内部审计风险的构成要素

内部审计是组织内部的一种独立客观的监督和评价活动,其审计对象是被审计单位的经营活动和内部控制。由于对内部控制的测试是内部审计的直接目的,因此,审计风险的构成要素为重大差异或缺陷风险与检查风险。其中,重大差异或缺陷风险是指在审计之前,被审计单位经营活动及内部控制中,存在重大差异或缺陷的可能性;检查风险是指审计人员未能通过审计测试发现重大差异或缺陷的可能性。

(三)内部审计风险的特征

1.客观性

由于抽样审计方法本身存在缺陷以及被审计单位经济业务的复杂程

---

①蒋海帆.企业进出口活动内部审计方法与技巧[M].北京:中国海关出版社,2019:36.

度、管理人员的道德品质等因素,审计结果与客观实际不一致的情况一般难以消除。审计风险客观存在于审计活动过程中。

2. 普遍性

有什么样的审计活动,就有与之相对应的审计风险。审计活动的每一个环节都有可能导致风险因素的产生。任何一个环节的审计失误,都会增加最终的审计风险,并会最终影响总的审计风险。

3. 潜在性

审计风险只有在错误形成以后经过验证才能表现出来。假如这种错误被人们无意中接受,即不再进行验证,则审计人员由此而应承担的责任或遭受的损失实际没有成为现实。所以,审计风险只是一种可能的风险,它对审计人员构成某种损失有一个显化的过程。

4. 无意性

审计风险是由于某些客观原因,或审计人员并未意识到的主观原因造成,即并非审计人员故意所为,审计人员在无意中接受了审计风险,又在无意中承担了审计风险带来的严重后果。倘若审计人员因某种私利故意作出与事实不符的审计结论,则由此承担的责任并不形成真正意义上的审计风险。

二、内部审计风险成因分析

(一)内部审计风险形成的客观原因

内部审计风险形成的客观原因,主要是指内部审计本身的固有缺陷及所处环境方面的原因。具体包括以下方面:

1. 内部审计抗御风险能力先天不足,对审计风险构成影响

第一,内部审计一般不可能拒绝组织管理层安排的审计项目,即使该审计项目存在极大的审计风险,审计人员依然要进行审计并发表审计意见。这一问题在一部分单位已开展的对拟提拔领导人员任前经济责任的审计中表现得尤其突出。在这类审计中,组织要求审计机构必须履行审计任务,出具审计报告,提出审计结论,发表审计意见。同时,为了保障被审计单位的业务运行正常有序,给予审计机构的审计时间又非常有限。审计

机构对这类审计的审计风险难以控制。

第二,当发生审计失败,而责任又并非审计人员过错时,审计人员很难通过区分会计责任和审计责任的方式解除自己的责任。在组织内部,也没有某种机构来调查审计人员的尽责情况以减轻审计责任。有的审计机构在审计前,要求被审计单位签订承诺书,承诺所提供的资料真实、完整,想以此减轻审计责任。但是,因为没有相关的制度规定对提供了虚假资料的单位负责人进行处罚,审计承诺制度实际上是形同虚设,无法起到保护审计人员的作用。

第三,内部审计在取得外部证据方面能力较弱。审计证据是指内部审计人员在从事审计活动中,通过实施审计程序所获得的,用以证实审计事项,作出审计结论和建议的依据。从审计证据的可靠性程度而言,因为外部证据来源于被审计单位外部,没有经过被审计单位的作业系统而直接由内部审计人员取得,其来源的客观性较强,可靠性也较强。取得外部证据,有利于审计人员作出正确的审计结论。但是,因为内部审计机构存在于特定的组织,其权力也仅限于在该组织中行使。要取得外部证据,基本依靠被审计单位提供和相关外部单位的配合态度。如果外部相关单位不予配合,则无法有效取得外部证据,因此,内部审计取得外部证据的能力较弱。从审计实践的情况看,被审计单位与外部经济业务纷繁多样、内容庞杂,被审计单位与相关外部单位关系复杂,审计人员在缺少外部证据的情况下,要证明被审计单位发生交易的真实性、合法性与完整性,的确非常困难,由此对审计结论的恰当性造成极大的影响。例如,在国家审计之前,组织一般都要求内部审计先行自查,但因为难以取得外部审计证据,内部审计无法有效发现重大问题。而这些重大问题在国家审计时,因其取得审计证据的能力强,从而被揭露出来,造成内部审计机构十分被动。

2.内部审计资源有限,导致审计风险产生

近年来,经过内部审计人员的不懈努力,组织对内部审计的重视程度日益提高。同时,随着组织业务规模的拓展以及组织结构的复杂,组织管理层对审计信息和审计结果的依赖程度也不断增强,寄希望于内部审计在查清问题、明确责任、加强内部管理、提高经济效益方面发挥更大的作用。但是,审计资源,包括审计机构的人力状况、知识经验、财力和时间,相对于组织的期望总是有限的。

现实中,审计机构人力资源不足、知识结构单一的问题始终没有得到有效解决。人力资源的缺乏和知识结构存在缺陷,导致审计监督覆盖面小,审计深度不够。一些组织为了弥补人力资源不足的缺陷,尝试采取由审计机构牵头、有关业务部门参加的联合审计方式。但因参加审计组的各业务部门的人员无法由审计部门确定,因此,无法保障参加审计任务人员的质量,从而导致效果并不明显。

审计资源的有限性还体现在审计项目的开展方面。为了适应组织在不同发展时期的具体情况、满足组织管理层的专门要求,内部审计的审计项目已呈现多样性的特点,不仅包括传统的财务收支审计,还开展了效益审计、管理审计、经济责任审计、风险管理审计等。

每种审计项目的审计目标又各有侧重,如经济责任审计强调对被审计人的业绩确认、经济责任完成情况的界定以及对经济责任履行情况的评价,风险管理审计注重对风险事项的识别与评估,对有关风险管理措施的充分性、有效性的评价等。但是,内部审计资源在一定时期内是相对有限的,不可能同时开展上述各种审计项目,只能根据组织当前的需求,有所侧重地将审计资源投入到一定类别的审计项目中,依据具体的审计目标,设定审计程序,收集审计证据,发表审计意见。不可能在审计项目中做到面面俱到。

在这种情况下,就可能出现审计死角问题。而一旦出现重大问题,给组织造成了损失,尽管审计工作开展规范,审计人员尽职负责,相应的审计结论客观、恰当,但组织管理层依然有可能以审计机构曾对该单位进行了审计为由,追究审计机构的责任。

组织管理层对审计的期望应以现实的审计资源为基础,审计机构也只有在其资源允许的条件下才能发挥作用。超出审计资源的限制,审计机构就难以完成审计任务,导致审计风险的形成。

3. 审计风险影响

内部审计的审计对象是组织的经济活动和内部控制。在现代市场经济环境下,组织的经济活动正在变得日益复杂。特别是迅速扩张中的企业组织,业务领域不断拓宽,在原有产品生产、劳务服务基础上,已涉足资本运作、房地产开发以及其他投资活动。随之而来的,一方面,经济行为日益复杂,经营风险不断提高;另一方面,为了占有更多的市场,业务开展较快,内部控制则相对滞后,这种情况给内部审计工作增加了难度。首先,资本运作项目、房地产开发项目等投入资金大,项目运行时间长,外部影响因素多,对其进行审计评价并发表恰当的审计意见比较困难;其次,审计人员的知识积累、专业经验和职业判断能力有可能在短时间内无法适应业务的迅速扩展和新业务的复杂性,造成审计结论严重偏离实际情况的可能性加大,从而加大审计风险。

被审计单位经济业务活动的特点、内部控制制度的强弱、技术发展趋势、管理人员的素质和品质等因素对被审计单位的经营风险产生影响,进而影响审计风险。

第一,被审计单位的资金、人员和业务量的多少。在其他条件相同的情况下,资金、人员越多,业务量越大,信息包含错误且被发现的可能性就越高,审计风险就越大。

第二,被审计单位重要岗位人员的流动情况。重要岗位人员的流动越频繁,由于员工对该岗位业务不熟练,有关错误发生的可能性也越大,给审计工作带来一定的风险。

第三,管理人员的正直性与遭受的异常压力。管理人员缺乏正直性,或者遭受诸如经营状况不佳、连续亏损、受托经济责任难以完成等情况时,则信息存在重大错误或舞弊的可能性会增大。

第四,被审计单位的行业性质。一般而言,经营风险高的行业,其经营失败的可能性大,审计风险也高。

第五,资产容易遭受损失或被挪用。若某项经营活动涉及容易遭受损失或被挪用的资产,则与之有关的重大差错或舞弊的风险会增加。

第六,被审计单位的内部控制情况。内部控制健全有效,则审计风险小;反之则大。

(二)审计风险增大的原因

审计程序是审计机构开展审计活动的全过程,包括制订审计项目计划、准备阶段、实施阶段和报告阶段。审计程序是使审计工作能够按照科学、合理的轨迹有序运转的保证,在审计过程中,审计人员要根据所确定的审计目标和可支配的审计资源,针对具体的审计事项取得具有充分证明力的审计证据,依据审计证据去证实审计事项与审计依据的相符程度,就审计事项的性质作出审计结论,并将审计结论传达给利益相关的人。审计程序是确定审计目标的手段,是确定审计方法的前提,规范的审计程序是保证审计质量、降低审计风险的客观要求,是提高审计效率、减少资源消耗的有效途径。

2003 年以来,根据审计署《关于内部审计工作的规定》,中国内部审计协会陆续制定和公布了中国内部审计准则,对规范审计程序、提高审计质量、减少审计风险起到了积极的推动作用。但是,一些组织的审计机构没有根据这些内部审计准则修订、完善自己的审计工作规定,没有积极规范自己的基本审计程序,没有建立健全审计质量控制制度和措施,导致审计工作随意性大。具体表现为:在审计计划的制订中,未能以风险为导向制订审计计划;在审计的全过程中,没有合理考虑和应用重要性标准;在审计项目开展之前,缺乏充分的审前调查,审计实施方案的编制缺少依据;必要的审计程序存在缺失;取得的审计证据证明力不足;审计工作底稿随意编制,审计范围存在漏洞的可能性大,作出的审计结论依据不充分。

三、内部审计风险防范

(一)确保管理层对内部审计有正确了解

1.合理制定内部审计工作规定

内部审计工作规定是由组织管理层正式批准通过的,是审计机构据以开展审计工作的根本性文件。它规定了内部审计机构在组织中的地位以及审计工作的目的、权限、任务和责任等。在制定内部审计工作规定时,要根据现有审计资源和审计手段,详细、具体地列明审计工作的目的、责任、权限、审计范围等内容。做到审计资源、审计手段、审计权限与审计目标、审计责任相互平衡。通过审计工作规定的制定,使管理层了解审计机构的实际状况。

2.科学制订审计计划

一方面,审计资源是有限的,审计机构必须紧紧围绕组织的战略目标,以风险为导向配置审计资源,达到资源使用的效益最大化。另一方面,审计计划要明确准备开展的审计项目类别及审计目标,从而使组织管理层对审计机构即将开展的每一项审计项目的侧重点有深入了解。

3.定期与组织管理层沟通,形成有效互动

作为审计机构,可以通过与管理层的沟通,汇报审计计划和审计项目的进展情况,报告审计中发现的共性问题,提出遇到的限制因素及存在的困难,寻求管理层对审计工作的理解和支持。同时,还可以了解管理层对组织发展的战略构想和对审计机构的工作期望,从而有效规划审计战略,合理使用和储备审计资源。作为组织管理层,通过这种沟通,可以深入了解审计资源情况,恰当确立符合实际的审计期望,保证内部审计工作合理开展,有效降低审计风险。

4.组织应进一步完善相关制度规定

例如,对提供虚假资料的被审计人和被审计单位的责任追究制度、合理的审计问责制度以及审计人员尽责调查制度等。当被审计单位在审计后又发生重大问题时,通过制度确定内部审计机构和审计人员的职责履行情况,保障内部审计有良好的工作环境。

(二)加强对被审计单位的日常监控工作

了解被审计单位经营工作开展情况、重大经营项目的运作情况、内部管理控制情况,以及相关法律法规和市场环境状况。在实施审计之前,要做好审前调查工作。通过询问相关人员了解被审计单位管理层的经营理念、被审计单位面临的外部环境与压力、经营活动的性质和复杂程度以及相关人员的业务熟练程度。通过阅读被审计单位的经营业务手册、内部控制手册等资料,了解经营活动的流程以及是否涉及容易受到损失或被挪用的资产。通过对被审计单位经营工作、内部管理工作的了解,评估风险所在及其水平高低,从而制订合理的审计方案,规避和降低审计风险。

(三)规范审计程序,加强质量管理,减低审计风险

第一,要根据中国内部审计准则,结合所在组织的具体情况,以及日常开展的审计项目规范基本审计程序,是指审计机构通过研究审计项目的特征而总结出来的,适合于各类审计项目的基本审计程序。如果没有规范的审计程序,不同的审计人员将会根据自己的职业判断选择相应的审计程序。在此情况下,审计人员的专业能力和职业经验对审计质量具有重大影响,无法保证审计质量,从而无法控制审计风险。若规范基本审计程序,则

必要的审计程序都已提供给审计人员,任何省略都需要审计人员作出相应的解释。如此,可以减少审计人员在工作中的随意性,有利于审计风险的控制。

第二,要建立健全审计质量控制制度。狭义的审计质量是指具体审计项目的质量。审计质量控制是指由审计机构和审计人员根据审计质量标准,使审计业务工作按照预定的审计目标,根据规范的审计程序运行,以便达到规定的质量水平,提高审计效率,降低审计风险。如果审计质量管理不严格,会给审计机构提出的审计结论带来不利影响,进而造成审计失败。

因此,审计机构必须根据内部审计准则、内部审计工作规定以及基本审计程序建立一套严密、科学的审计质量控制制度,并将其推行于每一个审计人员和每一项审计项目,迫使审计人员按照专业标准的要求开展审计工作,努力做到以风险为导向制订审计计划、配置审计资源;在审计全过程中合理考虑并运用重要性标准;根据被审计单位的经营活动情况、内部控制情况以及上次审计情况等编制项目审计计划;采取恰当合理的方法充分搜集相关、可靠的审计证据,并考虑证据之间的相互印证及证据来源的可靠程度,编制完整、清晰、客观的审计工作底稿,反映审计计划与审计方案的制订情况、审计程序的执行过程及执行结果情况以及取得的审计结论;加强对审计工作底稿的现场复核工作,以及有关审计报告的编制与复核工作,建立健全审计报告分级复核制度,并明确规定各级复核的要求和责任。通过审计质量控制制度的建立和落实,将基本审计程序与审计工作有效联系起来,努力提升审计质量,加强审计风险控制。

(四)科学应用审计抽样方法,积极探索风险基础审计,减低审计风险

现代审计的一个重要特点是充分运用现代经济统计技术和方法,以抽样审查代替全面审查,以提高审计效率、保证审计质量、降低审计风险。运用审计抽样技术和方法,不仅符合组织规模扩大的客观要求,而且符合成本效益原则。发挥审计抽样的作用,关键是科学、合理地使用审计抽样方法。

审计抽样是指审计人员在实施审计测试中,从被审计总体中选取一定数量的样本进行审查,通过样本的审查结果来推断被审计总体特征的一种

方法,包括统计抽样与判断抽样。科学运用审计抽样方法,就是要了解和掌握两种抽样方法的优劣以及使用范围,在审计中将统计抽样与判断抽样有机结合起来使用。

第一,借助内部审计人员对组织业务与内部控制比较了解的优势,利用判断抽样方法。充分发挥内部审计人员的职业判断和经验。尤其是在舞弊审计中,判断抽样可以充分发挥审计人员的职业经验和职业敏感性,可以取得良好的效果。

第二,充分利用统计抽样弥补判断抽样的不足。统计抽样是指审计人员根据概率论原理确定抽查的样本量,随机选取样本并由样本的审查结果推算评估总体的审计抽样方法。它以数理统计为基础,在确定抽样的相关事项时,比判断抽样更具有客观性,由此得出的审计证据客观性也更强。

另外,在选择样本时,总体中的每个项目被选中的概率是一样的,因此,样本更具有代表性。由于采用的是数理方法,对于抽样过程中的抽样风险可以利用数学公式量化,而且随着计算机审计技术的开展,统计抽样也不再难以操作。将统计抽样与判断抽样有机结合起来使用,可以有效保障抽样的合理性,保证审计结论的恰当性,从而有效降低审计风险。

风险基础审计是指审计人员以风险的分析、评价和控制为基础,综合运用各种审计技术,收集审计证据、形成审计意见的一种审计方法。风险基础审计立足于对审计风险进行系统的分析和评价,并以此作为出发点,制定审计战略,制订与组织状况相适应的多样化审计计划,使审计工作适应组织发展的需求。风险基础审计要求审计人员不仅要对控制风险进行评价,而且要对产生风险的各个环节进行评价,用以确定审计人员实质性测试的重点和测试水平,确定如何收集、收集多少和收集何种性质证据的决策。

风险基础审计大量运用了分析的方法,并贯彻在审计工作的各个阶段,使审计人员能够重视产生审计风险的各个重要环节,使审计过程成为一个不断克服和降低审计风险的过程。一旦审计人员认为审计风险已经控制在可容忍水平范围之内,审计人员就可以发表审计意见。风险基础审计的优势在于,通过对被审计单位风险的评价,有利于寻找高风险的审计项目,从而集中力量最大限度降低审计的检查风险,使重大差错和舞弊可以被揭露出来,使审计风险降低到可接受的水平。风险基础审计为更有效地控制和提高审计效果和审计效率提供了完整的思路,有利于降低审计风险。

第五章　企业内部控制及其评价

内部控制是管理现代化的必然产物,评价和审计被审计单位的内部控制系统,这是现代内部审计和外部审计的重要任务。2002年美国公布实施的《萨班斯-奥克斯利法案》,其中第404条款要求在美国证券交易委员会(SEC)备案的上市公司董事会必须提交年度内部控制自我评价报告,作为向SEC提交的财务报告的组成部分,并要求会计师事务所对内部控制的有效性出具审计报告。2010年,我国财政部、证监会、审计署、银监会、保监会联合发布了《企业内部控制配套指引》,包括《企业内部控制应用指引》《企业内部控制评价指引》《企业内部控制审计指引》,要求执行企业内控规范体系的企业,必须对本企业内部控制的有效性进行自我评价,披露年度自我评价报告并要求会计师事务所实施外部审计。内部控制自我评价要求董事会评价企业内部控制的有效性,揭开了现代内部审计评价内部控制的新时代。

第一节　企业内部控制系统

内部控制是由企业董事会、监事会、经理和全体员工实施的旨在实现控制目标的过程。具体地说,内部控制系统是指企业的董事会、监事会、经理,为了实现其发展战略,提高经营活动的效率,确保信息的正确可靠,保护财产的安全完整,遵循相关的法律法规,利用企业内部因分工而产生的相互制约、相互联系的关系,形成一系列具有控制职能的方法、措施、程序,并予以规范化、系统化,使之组成一个严密的、较为完整的体系[①]。

一、内部控制系统的种类

企业内部控制系统涉及生产经营的各个环节和各个部门,各个环节和

---

①李俊. 企业内部控制浅析[J]. 现代商业,2022(10):152-154.

部门均可根据自身业务特点和工作范围建立内部控制系统。这些不同的内部控制系统可以按照不同的标志进行科学分类,以有利于加深对内部控制系统的认识。

(一)内部控制系统按要素分类

内部控制系统按要素分类,国际上通常分为控制环境、风险评估、控制活动、信息与沟通、监督。

第一,控制环境。它是指对企业控制的建立和实施有重大影响的多种因素的统称。控制环境的好坏直接决定着企业其他控制要素能否实施或实施的效果。

第二,风险评估。每个企业都面临来自内部和外部的不同风险,这些风险都必须加以评估。评估风险的先决条件是制定目标。风险评估就是分析和辨别实现所定目标可能发生的风险。

第三,控制活动。它是确保经理的指令得以执行的政策及程序。如核准、授权、验证、调节、复核经营业绩、保障资产安全及职务分工等。

第四,信息与沟通。企业在其经营过程中,需按某种形式辨识、取得确切的信息,并进行沟通,以使员工能够履行其职责。企业所有员工必须从经理层那里清楚地获取承担控制责任的信息,而且必须有向上级部门沟通重要信息的方法,并与外界顾客、供应商、政府主管机关和股东等进行有效的沟通。

第五,监督。它是由适当的人员评估控制的设计和运行情况的过程。监督活动由持续监督和个别评估组成,可确保企业内部控制能够持续有效地运行。

(二)内部控制系统按工作范围分类

内部控制系统按工作范围分类,可以分为内部管理控制系统和内部会计控制系统。

第一,内部管理控制系统。它是以提高经营效率、工作效率为目的,用于行政和业务管理方面的方法、措施和程序,如劳动组织、劳动工资、人事内部控制系统,质量检验内部控制系统,技术设计内部控制系统,情报资料内部控制系统,电子计算机操作内部控制系统,材料供应、产品生产、产品销售内部控制系统等。

第二,内部会计控制系统。它是以保护财产物资和确保会计资料可靠性为目的,用于会计业务和与之相关的其他业务管理方面的方法、措施和程序,如现金、银行存款内部控制系统,成本、费用管理内部控制系统,资产管理内部控制系统,利润及其分配管理内部控制系统,记账程序内部控制系统,会计凭证保管、整理、归档内部控制系统,会计电算化内部控制系统等。

(三)内部控制系统按建立目的分类

内部控制系统按建立目的分类,可以分为保护财产物资的内部控制系统、保证会计资料可靠性和正确性的内部控制系统,以及保证经济活动合法性和效益性的内部控制系统。

第一,保护财产物资的内部控制系统。它是以流动资产、固定资产和其他资产为对象,规定购入、验收、入库、保管、使用、维修、计量等职责和权限、手续和程序。如材料验收控制系统,入库、出库控制系统,限额领用控制系统,产品盘点控制系统,现金管理控制系统,机器设备维修,保养控制系统等。

第二,保证会计资料可靠性和正确性的内部控制系统。它是以会计凭证、会计账簿和财务报表为对象,规定了会计核算的组织形式、方法和程序,保证会计资料及其他信息资料的可靠性和正确性。如财产计价控制系统,成本计算规程控制系统,财产清查控制系统,记账程序控制系统,账证、账本、账表和账实核对控制系统,会计人员岗位责任系统,电算化会计操作控制系统等。

第三,保证经济活动合法性和效益性的内部控制系统。它是以经济活动为对象,规定了经济活动必须遵守的规范和程序,以及控制经济活动的方法、措施。这类控制系统范围较广,包括行政和业务部门的内部控制系统和会计部门的内部控制系统,如材料采购控制系统和现金控制系统,成本、费用控制系统,产品销售控制系统,目标利润控制系统,财务成果分配控制系统,基建工程控制系统等。

(四)内部控制系统按控制方式分类

内部控制系统按控制方式分类,可分为预防性内部控制系统与察觉性内部控制系统。

第一,预防性内部控制系统。它是指那些目的在于防止差错和舞弊行为的发生而设置的措施和程序。如出纳与会计必须由两个人担任,开具银行支票的必须与掌管印章的相分离,销售开发票的必须与收款的相分离等,都属于防患于未然的预防性内部控制系统。

第二,察觉性内部控制系统。它是指当错误、舞弊行为发生时或发生后能够立即自动发出信号,并及时采取纠正或补救的方法、措施和程序。如定期进行结账、对账,定期进行财产清查、核对账实,定期轮换工作人员等,都属于察觉性内部控制系统。

二、内部控制系统的内容

要对内部控制进行评价,应充分了解其构成内容。由于每个企业的性质、业务、规模等不同,内部控制系统的具体内容也不尽相同。概括起来,内部控制的构成内容可分为如下方面:

(一)合规、合法性控制

建立健全企业内部控制系统必须符合国家法律、财经政策、法令和财经制度的规定,每一项经济业务活动必须控制在合规、合法的范围内。如一切会计凭证都必须由会计部门认真审核把关,对不合规、不合法的经济业务应坚决予以揭露和制止;生产和销售的产品必须符合质量要求,不许以次充优或生产销售伪劣产品等。这些规定和要求,都是合规、合法性控制。

(二)授权、分权控制

随着企业规模不断扩大,环节日益增多,业务纷繁,企业董事会和经理不可能事必躬亲包揽一切事务。因此,必须将事权进行合理划分,对下级授权、分权,规定各级人员处理某些事务的权力。在授权、分权范围内,授权者或分权者有权处理有关事务;未经批准和授权,不得处理有关经济业务。

这样,把各项经济业务在其发生之际就加以控制,使各级业务人员都能在其位谋其政。权和责是相互联系的,建立内部控制系统时,必须将企业或个人按其所授权力或所分权力与应负的责任相联系,制定岗位责任制,明确岗位应履行的任务及其应负的责任,并定期进行检查,做到事事有人管、人人有专责、办事有标准、工作有检查，从而对各项经济业务进行控制。如一项经济业务从发生至结束的整个过程中，谁核准、谁经办、谁复核、谁验收、谁审批等都应在内部控制系统中予以充分说明，做到分工负责、权责分明。

（三）不相容职务控制

建立内部控制系统，必须对某些不相容职务进行分离，应分别由两个人以上担任，以便相互核对、相互牵制、防止舞弊。所谓不相容职务是指集中于一人办理时，发生差错或舞弊的可能性就会增加的两项或几项职务。如经管现金和银行存款的出纳，与负责总账登记的会计，就属于不相容职务。企业对不相容职务，应该加以严格控制和分离。

第一，经济业务处理的分工。即一项经济业务的全过程，不应由一个人或一个部门单独处理，应分割为若干环节，分属不同的岗位或人员管理。具体要求是：授权进行某项经济业务和执行该项业务的职务要分离，执行某项经济业务和审查该项业务的职务要分离，执行某项经济业务和记录该项业务的职务要分离，记录某项经济业务与审核该项经济业务的职务要分离。

第二，资产记录与保管的分工。实行这种分工的目的在于保护资产的安全完整。具体要求是：保管某项物资和记录该项物资的职务要分离，保管物资与核对该项物资账实是否相符的职务要分离，记录总账和记录明细账的职务要分离，登记日记账和登记总账的职务要分离，贵重物品仓库的钥匙由两个人分别持有。

第三，各职能部门具有相对独立性。这种独立性体现在：一是各职能部门之间是平级关系，而非上下级从属关系；二是各职能部门的工作有明确分工，不存在责任共担、成绩均享的关系。

（四）业务程序标准化控制

为了提高工作效率，实行科学化管理。现代企业一般将每一项业务活动划分为六个步骤：授权、主办、核准、执行、记录和复核。这种按照客观要求建立的标准化业务处理程序，不仅有利于实际业务活动按照事先规定的轨道进行，而且对实际业务活动做到了事前、事中和事后的控制。这种标准化处理程序可用成文的制度表示，如各种管理制度；也可以绘成流程图，如各种业务处理程序图等。采取这种方式控制,不仅经办人员有章可循,能够按照科学的程序办事,而且可以避免职责不清、相互扯皮等现象。

按照标准化处理程序的要求,会计部门的每一个工作人员必须有严密的组织分工,会计资料力求做到统一格式、统一编号、专人填制、专人保管,防止混乱、丢失。如每项经济业务发生之后,都应取得或填制会计凭证,作为该项经济业务的书面证明;凭证的设计必须科学,力求标准格式;凭证的填写必须认真,凭证的传递必须合理,环环紧扣;凭证的复核、审查必须严格;需要套写的凭证,不准分别填写;需要事先连续编号的凭证,不准临时编号;填错的凭证,要按规定的程序和手续改正,不准任意涂改;每种凭证应按规定的要求和手续整理、归档、调阅、销毁等。

(五)复查核对控制

为了保证会计信息的可靠性,规定各项经济业务必须经过复查核对,以免发生差错和舞弊。对业已完成的经济业务记录进行复查核对,是控制记录使其正确可靠的重要方法。复查核对一般分为两种:一种是将记录与所记的实物相核实;另一种是记录之间的相互复查核对。通过这两种复查核对,能进一步保证记录真实、完整、正确。复查核对的内容包括凭证之间的复查核对、凭证和账簿之间的复查核对、账簿和报表之间的复查核对、账簿之间的复查核对、账簿与实物之间的复查核对等。建立严格的复查核对制度,有利于及时发现并改正会计记录中的错误,做到证、账、表、实物相符。

(六)人员素质控制

内部控制系统实施是否有效,关键取决于实施内部控制系统人员的素质。要使内部控制系统的功能按预定的目标正常发挥,必须配备与承担的职务相适应的高素质人员。否则,即使内部控制系统本身十分完美,实施的效果也难以令人满意。人员的素质包括良好的思想品德和职业道德、较高的业务素质和专业技能、较广博的知识水平,而且包括接受职业继续教育和培训。

人员素质的控制,除了对人员本身的素质提出较高要求外,还应对人员的选择、使用和培训采取一定的措施和办法,以控制内部控制系统执行人员的素质。对人员素质的控制,除上述内容,还包括对人员的职务进行定期轮换,以增加对某项职务的全面复核,从而达到控制的目的。有关职务实行定期轮换是实践中证明行之有效的控制措施,不仅使某项职务的承担人员发生的错误、舞弊能在短时间内被发现并且及时得到纠正,还可以促使工作人员兢兢业业工作,以便交接时经得起检查,从而增强内部控制的功能。

三、信息技术对内部控制系统的影响

在信息技术环境下,传统的手工内部控制越来越多地被自动化内部控制所替代。同时,对自动控制的依赖也可能给企业带来下列财务报告的重大错报风险:信息系统或相关系统程序可能会对数据进行错误处理,也可能会去处理那些本身就错误的数据;自动信息系统、数据库及操作系统的相关安全控制如果无效,会增加对数据信息非授权访问的风险;数据丢失风险或数据无法访问风险,如系统瘫痪;不适当的人工干预,或人为绕过自动控制。

因此,企业采用信息系统处理业务,并不意味着手工控制被完全取代,信息系统对内部控制系统的影响,取决于企业对信息系统的依赖程度。由于各个企业信息技术的特点及复杂程度不同,各个企业的手工及自动控制的组合方式往往会有所区别。

在信息技术环境下,手工内部控制的基本原理与方式,在信息环境下并不会发生实质性的改变,而对于自动控制,应从信息技术一般性控制与信息技术应用控制两个方面考虑对内部控制系统的影响。

(一)信息技术一般性控制对内部控制系统的影响

信息技术一般性控制是指为了保证信息系统的安全,对整个信息系统以及外部各种环境要素实施的、对所有的应用或控制模块具有普遍影响的控制措施,它通常会对实现部分或全部财务报表认定作出间接贡献。在有些情况下,信息技术一般性控制也可能对实现信息处理目标和财务报表认定作出直接贡献。这是因为,有效的信息技术一般性控制,确保了应用系统控制和依赖计算机处理的自动会计程序得以持续有效地运行。

信息技术一般性控制包括程序开发、程序变更、程序和数据访问以及计算机运行四个方面。

第一,程序开发。这一领域的控制目标是确保系统的开发、配置和实

施能够实现管理层的应用控制目标。程序开发控制的要素一般包括对开发和实施活动的管理,项目启动、分析和设计,对程序开发实施过程的控制软件包的选择、测试和质量确保、数据迁移、程序实施、记录和培训、职责分离。

第二,程序变更。这一领域的控制目标是确保对程序和相关基础组件的变更,是经过请求、授权、执行、测试和实施,以达到经理层的应用控制目标。程序变更控制的要素一般包括对维护活动的管理,对变更请求的规范、授权与跟踪,测试和质量确保,程序实施,记录和培训,职责分离。

第三,程序和数据访问。这一领域的控制目标,是确保分配的访问程序和数据的权限,是经过用户身份认证并经过授权的。程序和数据访问的子组件一般包括安全活动管理、安全管理、数据安全、操作系统安全、网络安全和物理安全。

第四,计算机运行。这一领域的控制目标是确保生产系统根据经理层的控制目标完整准确地运行,确保运行问题被完整准确地识别并解决,以维护财务数据的完整性。计算机运行的子组件一般包括计算机运行活动的总体管理、批调度和批处理、实时处理、备份和问题管理以及灾难恢复。

(二)信息技术应用控制对内部控制系统的影响

信息技术应用控制一般要经过输入、处理及输出等环节,和手工控制一样,自动系统应用控制同样关注信息处理目标的四个要素,即完整性、准确性、授权以及访问限制。

第一,完整性控制。包括顺序标号,可以保证系统每笔日记账都是唯一的,并且系统不会接受相同编号或者在编号范围外的凭证。还包括编辑检查,以确保无重复交易录入,比如发票付款的时候检查发票编号。

第二,准确性控制。包括编辑检查,即限制检查、合理性检查、存在性检查和格式检查等;将客户、供应商、发票和采购订单等信息与现有数据进行比较。

第三,授权控制。包括交易流程中必须包含恰当的授权,将客户、供应商、发票和采购订单等信息与现有数据进行比较。

第四,访问限制控制。①对于某些特殊的会计记录的访问,必须经过数据所有者的正式授权,经理必须定期检查系统的访问权限,来确保只有经过授权的用户才能够拥有访问权限,并且符合职责分离原则。②访问控制必须满足适当的职责分离,如交易的审批和处理必须由不同的人员来完成。③对每个系统的访问控制都要单独考虑,密码必须定期更换,并且在规定次数内不能重复;定期生成多次登录失败导致用户账号锁定的报告,经理必须跟踪这些登录失败的具体原因。

第二节 企业财务报告内部控制

财务报告由财务会计人员编制,是财务会计信息加工后对外公布的结果。它的产生依赖于会计核算系统、日常控制机制的运行,并受到企业内部控制环境的影响。

一、内部控制对财务报告的影响

建立内部控制系统的目标之一就是保证财务报告的可靠性,但保证财务报告的可靠性并不是内部控制系统的全部。一方面,有效的内部控制系统只能合理保证财务报告的可靠性;另一方面,没有内部控制系统的企业财务报告不一定不可靠,而财务报告一旦不可靠,则企业的内部控制系统必定无效。

从经济业务的发生到形成凭证、账簿、报表需要一系列的控制活动。经济业务的发生需要经过适当的授权批准,记录在原始凭证上,保证真实性;经济活动每一步骤都需要在原始凭证上留下痕迹,并需要对原始凭证进行有效的控制,如连续编号并定期清点等,保证对所有的经济业务都予以记录并且没有重复记录,为会计核算提供真实的原始依据;财务会计人员根据汇集的原始凭证编制记账凭证,作为记录账簿的依据,最后根据账簿编制财务报表,其中需要对原始凭证进行检查,明细账与总账分别由不同人员编制,并由其他人员进行定期复核,必要的职务分离等控制程序①。

由此可见,业务控制程序和活动并不是单独存在的,而是渗透于生产经营管理活动。有效的内部控制,能确保会计核算系统中确认、计量,记

①刘栋. 新三线模型视角下对基层央行内审工作的探析[J]. 财会学习,2022(12):113-115.

录、报告各步骤都具有真实合法的凭据,并减少核算中的差错,最终提供真实可靠的财务报告。无论哪一个控制环节出现问题,都可能会产生记录核算错误,或者给不法分子以可乘之机,诱发舞弊,造成虚假的财务报告。

除了业务控制程序和活动外,内部控制其他组成部分也制约着财务报告的真实性、可靠性。要使业务控制程序和活动能够得到有效执行,以保证会计信息的真实可靠,离不开合理的组织结构和过硬的人员素质。组织结构为企业的经营提供规划、执行、控制和监督活动的框架,是实施内部控制的载体,组织结构合理与否直接影响内部控制的效果。良好的组织结构控制应该能够保证责任明确、授权适当。信息沟通顺畅构成控制环境的重要组成部分。

如果董事会和经理在财务报告编报方面的权力过大,在缺乏有效约束和监督机制的情况下,可以不执行或绕过内部控制系统,就会导致粉饰财务报告、操纵利润等行为发生。内部审计机构负责检查评价内部控制系统设计和执行的有效性,内部审计人员在企业中地位的高低、职责履行的好坏对内部控制系统的运行,以至于对财务会计核算系统都有重要的影响。

财务会计组织机构负责具体的财务会计处理、控制会计信息的产生。财务会计组织机构各方关系人权力和责任明确,逐层负责,及时发现和报告问题,才能有效履行监督控制。即使有设计良好的内部控制系统,仍需要人来执行。员工的道德水准和价值观以及胜任能力是内部控制环境的重要因素,对内部控制的执行有效性起着至关重要的作用;董事会和经理的管理理念和经营方针对塑造企业文化有着非同小可的影响,而健康的企业文化对于企业经营管理水平的提高显然具有不可忽视的作用,从而对内部控制的有效执行提供了有力的保证。

组织结构、内部审计机构和人员素质因素对财务会计核算系统的影响尽管是间接的,但是任何一个因素出现问题都会严重影响内部控制系统,甚至是财务会计核算系统的有效运行,最终产生不可靠的财务信息。

二、财务报告内部控制的含义

21世纪,随着法律法规对内部控制提出新要求,在内部控制的发展过程中出现了财务报告内部控制(internal control over financial reporting)这一新提法。SEC 在 2002 年发布的 33-8138 号提案中首次对财务报告内部控制进行了解释,即财务报告内部控制的目的,是确保企业设计的控制程序能为下列事项提供合理的保证:企业的业务活动经过合理的授权,保护企业的资产,避免未经授权或不恰当的使用,业务活动被恰当地记录并报告,从而保证上市企业的财务报告符合公认会计原则的编报要求。该定义与美国 2002 年萨班斯-奥克斯利法案 103 条款中要求注册会计师进行内部控制审计的内容保持一致,并且符合美国注册会计师协会发布的审计准则公告 319 条款的规定。

根据 SEC2003 年 6 月正式发布的最终规则中的定义,财务报告内部控制,是指由企业首席执行官、首席财务官或者企业行使类似职权的人员设计或监管的,受到企业董事会、经理和其他人员影响的,为财务报告的可靠性和满足外部使用的财务报告编制符合公认会计原则,提供合理保证的控制程序。具体包括以下控制政策和程序:

第一,保持详细程度合理的财务会计记录,准确公允地反映资产的交易和处置情况。

第二,为下列事项提供合理的保证:企业对发生的交易进行必要的记录,从而使财务报告的编制满足公认会计原则的要求;企业所有的收支活动经过经理和董事会的合理授权。

第三,为防止或及时发现企业资产未经授权的取得、使用和处置提供合理保证,这种未经授权的取得、使用和处置资产的行为可能对财务报告产生重要影响。

另外,美国反虚假财务报告委员会(COSO)单独对保证财务报告可靠性的内部控制进行了说明,分析列举了内部控制五要素中对财务报告可靠性产生影响的因素。尽管内部控制三个目标之间存在着重叠,各项控制措施几乎都服务于一个以上的目标,很难确定哪些控制是属于财务报告可靠性的内部控制,但是 COSO 报告仍然认为,应该对保证财务报告可靠性的内部控制进行界定,以确保对财务报告可靠性的内部控制能满足财务报告使用者的合理预期。

由此可见,财务报告内部控制是专为合理保证财务报告的可靠性这一目标而提出的,既然将财务报告内部控制这一概念单独从内部控制中分离出来,说明在保证财务报告可靠性方面,内部控制的确发挥着不可忽视的作用。

三、内部控制要素与财务报告认定的关系

内部控制与财务报告可靠性的关系,具体体现在内部控制五要素与财务报告的五大认定之间的关系。

财务报告中所包含的有关董事会和经理层的认定有以下方面:

第一,存在或发生。所有资产、负债和所有者权益在资产负债表项目中必须存在,并且所有利润表中的收入、费用和盈利都必须在当期发生。

第二,完整性。财务报告包括所有的交易、资产、负债和所有者权益。

第三,权利和义务。在财务报告中,企业享有拥有资产的权利和偿还负债的义务。

第四,估价或分摊。财务报告中的资产、负债、所有者权益、收入、费用、利润和亏损是根据公认的会计准则来估价或分摊的。

第五,表达与披露。财务报告中记录的数据按照公认的会计原则被合理地分类和披露。

特定的内部控制要素与财务报告认定的关系主要有以下方面:

第一,内部环境与财务报告认定的关系。内部控制中的基础性要素是控制环境,对财务报告认定的实现有重大的影响。如果企业董事会和经理缺乏正直的品格和良好的道德,加上面临改善盈余的内部或外部压力,则企业可能会有意错报,从而影响整个财务报告的认定。相反,如果企业董事会和经理具有正直的品质和良好的道德,则企业会选择公允反映。企业完善的人力资源政策,能够确保执行政策和程序的人员具有胜任能力和正直的品行;企业有一套良好的员工雇佣、训练、业绩考评及晋升等政策会导致员工不做有损企业利益的事;董事会和经理对风险的态度可能会影响分企业财务报告的表述。

第二,风险评估与财务报告认定的关系。如果企业面临重大的经营风险或财务风险,企业与成本、收益有关的经营目标通过努力无法实现时,则负责编制财务报告的员工可能会有意去粉饰实际结果,以达到预算目标。当员工的工资或薪水与预算的有利差异紧密相关时,这种错报的可能性就加大了。在这种情况下,存在或发生、完整性和估价认定的可靠性就值得怀疑。为减少这种可能性,企业必须客观地评估面临的风险,设置的计划

和预算指标应满足如下条件：这种计划和预算所设立的目标应是可实现的，并清晰地说明达到目标的可靠性策略，这些目标和策略与负责具体预算的人确实相关。因此，在制定预算时，应仔细评估实现目标所存在的重要风险。

第三，控制活动与财务报告认定的关系。用于防止和发现财务会计记录差错的控制活动，加强了财务会计信息系统的功能，有助于产生更为可靠的财务报告，这些控制活动包括批准、授权、安全控制、职责分工等。安全控制用于保护企业的资产，以确保资产安全和记录可靠，与降低存在或发生、完整性、估价或分摊认定的控制风险有关。

第四，信息和沟通与财务报告认定的关系。信息的确认和搜集保证财务报告所提供信息的完整性；对信息的处理有助于信息的分类和记录，对记录的适当控制有助于估价认定的实现，对分类的适当控制有助于表达与披露、权利和义务认定的实现；信息的报告是企业编制财务报告的过程，影响财务报告质量的各个方面。沟通大大加强了各个认定的可靠性，财务报告有效的沟通还要求明确地将相关职责分配给执行控制程序的员工，使相关的员工清楚如何进行控制，以及自身在内部控制系统中的角色和责任，这同样会增强财务报告的可靠性。

第五，内部监督与财务报告认定的关系。对内部控制进行内部监督的目的是确保其他内部控制要素如设计时一样得到有效执行。内部监督影响到各个认定的实现。

第三节　企业内部控制与内部审计

内部控制是为了促进企业的有效运营和防范风险。而内部审计则在于协助董事会和经理评价内部控制系统，适时提供改进建议，以确保内部控制系统得以持续实施。因此，在企业的组织中，内部审计与内部控制之间是相互依存的关系，互为基础，互相促进。

一、内部控制与内部审计的关系

内部控制与内部审计的关系问题，一般可归纳为以下三种观点：一是认为,内部控制与内部审计两者相互并存,不存在谁包含谁的问题;二是认为,内部审计本身就是内部控制的一个重要组成部分,内部控制系统包括内部审计;三是认为,内部控制与内部审计相互补充,共同构成企业的监督控制体系[①]。

(一)内部控制与内部审计相互并存论

内部控制是企业由于管理的需要而建立的既相互联系又相互制约的管理体系。内部审计在内部控制中属于内部监督范围,是企业自我独立评价的一种活动。内部审计本身就是一种控制,它按照内部控制要求,通过内部控制系统为其制定的审计程序和方法及要完成的任务、达到的目标,协助企业董事会和经理监督内部控制政策和程序的有效性,来促成良好的控制环境的建立,并为改进内部控制系统提供建设性意见。因此,内部控制与内部审计相互并存。

(二)内部控制与内部审计相互促进论

企业的内部控制为内部审计提供保障。而内部审计促进内部控制的发展。企业内部审计通过分析生产经营管理中存在的问题,得出产生的原因和影响。协助董事会和经理完善内部控制,促进内部控制的建设,维护内部控制的有效。而一个良好的内部控制,有助于内部审计工作的开展,有助于提高审计效率、降低审计风险、提高审计质量,更有助于扩大审计领域,加速现代审计方法的变革。

(三)内部控制与内部审计相互补充论

内部控制需要内部审计,同样,内部审计也需要内部控制。内部控制环境比任何其他因素更能影响内部审计的发展。没有健全的内部控制系统作为基础,内部审计就无法开展;没有良好的内部控制,财务会计信息会出现失真,经理人员责任会不明确,管理会出现混乱现象等,不仅会加重内部审计工作量,而且会加大内部审计的风险,从而制约内部审计的发展。同理,内部控制需要内部审计。没有内部审计对内部控制设计和运行的有效性进行评审,和进一步完善强化内部控制的建议,内部控制也只能原地踏步,造成与现实不符,效果不佳,甚至形同虚设,或因内部控制的局限性,

---

①刘金梅.会计监督与审计监督关系探究[J].财会学习,2022(12):107-109.

给不法之徒以可乘之机,造成内部控制失效。

事实上,内部控制与内部审计之间存在着一种相互依赖、相互促进的内在联系。内部控制本质上是企业为了达到一定的目标所采取的一系列行动和过程。而内部审计的主要目的之一是评价企业内部控制,它通过对内部控制的设计和运行的有效性进行评价,以确保揭露企业潜在的风险,确保运行的经济性,达到企业的目标,其本身又是内部控制的重要组成部分。一个企业所提供的会计信息和其他经济信息是否真实、完整,与该企业是否存在规范的内部控制系统并且有效执行,有相当程度的因果关系。内部控制存在与否,对内部审计方式的选择有着至关重要的意义。由于内部控制是为了促进企业的有效运营,而内部审计则在于协助董事会和经理调查、评价内部控制系统,适时提供改进建议,以使内部控制系统得以有效实施。在通常情况下,内部控制系统规定企业经营管理部门开展工作应遵守的规范,通过内部审计机构评价内部控制系统的有效性。

二、内部审计对内部控制的促进作用

内部审计对内部控制的促进作用,可以概括为以下方面:

(一)内部审计是内部控制系统的重要组成部分

1986年4月,最高审计机关国际组织(INTOSAI)在第十二届大会上发表的总声明对内部控制做了权威性解释:"内部控制作为完整的财务和其他控制体系,包括组织结构、方法程序和内部审计。它是由管理当局根据总体目标而建立的,目的在于帮助企业的经营活动合法化,具有经济性、效率性和效果性。保证管理决策的贯彻,维护资产和资源的安全,保证会计记录的准确和完整,并提供及时的、可靠的财务和管理信息。"该解释将内部审计作为内部控制的一个重要组成部分。

由于内部审计与内部控制之间相互依赖、相互促进的内在联系,在企业不断健全、完善内部控制制度的过程中,强化内部审计已成为不可或缺的组成部分,其作用正变得越来越重要,主要体现在评价内部控制、参与重大控制程序的制定与修订、监督内部控制的运行和提供管理咨询。

(二)内部控制系统是内部审计的工作对象

企业内部控制涵盖范围很广,涉及企业管理活动各个方面。企业内部审计处在企业内部,置身于企业内部控制环境,对企业内部控制最熟悉,因而也最有能力对内部控制进行评价和提出改进建议。企业内部审计具体参与内部控制评审的内容有以下方面:

1. 内部审计参与内部控制的风险评估

根据《企业内部控制基本规范》及应用指南,控制活动的开始是进行风险评估。风险评估过程包括确立企业的目标,识别企业目标相关的风险,评估识别出风险的后果和可能性,针对风险评估的结果,考虑适当的控制活动。从上述过程可以看出,只有评估了风险点,才能设计有针对性的控制程序。实行全面的风险评估,对于一个企业的健康发展已越来越重要。内部审计人员具有丰富的衡量企业实现财务目标的盈利能力,个人及企业生产经营管理的经验,也有审计企业信息系统的经验,由内部审计参与内部控制的风险评估是较为便利的工作。

2. 内部审计参与内部控制的完善

内部控制是一个庞大的系统,它的设计也是一个复杂的过程,通常包括总体设计与具体设计两种类型。虽然内部控制措施的制定经历了"初稿—汇总—修改—实施"的过程,但并不是到此结束,因为内部控制是一个动态的过程,它是一个在实施中发现问题、解决问题,再对系统不断进行删除和更新的过程。而内部审计正处在内部监督中,对企业的各个方面都比较熟悉,又直接面对各种缺陷与舞弊,正好可以适应这种不断循环运动的特点。因此企业在完善内部控制时,内部审计人员作为主要参与人员,这样才可以起到事半功倍的效果。

3. 内部审计监督内部控制的运行

内部控制是由一系列控制政策、制度与程序组成的整体系统,在这个系统中充分体现了董事会和经理的管理理念、管理风格和对管理目标的追求。为了确保这些政策与程序得到全面、准确的执行,必须要有监督,而内部审计的主要工作就是监督内部控制的有效运行。

内部审计履行监督职能。其直接目标是确保内部控制的有效运行,以使内部控制的目标能够实现。有效的内部控制将合理保证企业的经营管理活动,具体包括:遵守国家法律法规的规定;保证企业的经营与企业对营运效率、效果的追求目标相一致;保证资产的完整性与财务报告的可靠性。

内部审计将对企业内部组织与个人违反政策、程序事件及时作出纠正或处理,以相对独立人的身份向企业董事会提出报告。

4.内部审计评价内部控制的有效性

2008年,我国颁布的《企业内部控制基本规范》及随后颁布的三个应用指南,要求企业内部审计机构对内部控制的有效性作出评价,为企业董事会评价内部控制的有效性提供评价报告。在该规范和指南中直接提到内部审计,明确内部审计具有评价内部控制的责任。内部审计在内部控制评价中承担的角色包括:确认关键业务流程,记录其内部控制,并对这些控制开展适当的测试;其评价结果作为外部审计人员的支持资源;与企业其他相关部门和外部审计机构合作参与内部控制评价和审计工作。

(三)内部审计造就良好的内部控制环境

企业内部审计通过对内部控制制度的评价,提供纠正错弊、完善内部控制的建议,来促进良好控制环境的建立,进而有效地促进企业的控制目标的实现。

第一,内部审计提出改善内部控制的建议。内部控制的健全、有效是一个动态的过程,因为企业的经营环境在变化,自身在不断发展,内部控制制度应适应这种变化并相应进行调整。在这种不断调整过程中,内部审计的职责是发现管理中是否存在错弊,因而着重于从内部控制制度的缺陷入手进行审计,这更容易发现其存在的缺陷,进而提出改善的建议。

第二,内部审计是完善内部控制的主力军。企业内部审计通过对合同执行、工程预决算、费用支出报销的内部控制的评价来完善这些业务流程的内部控制过程。因此,内部审计本身作用的发挥,就是内部审计参与内部控制制度运行各方面、各环节,就影响和决定了内部控制制度的有效性。

第三,内部审计发挥对分支企业的监督。在企业执行分权分层管理的情况下,伴随着分权,企业的部分财产相对独立地受托于企业内的分企业或部门使用。此时,这些财产所有权属于企业,而分企业或部门拥有这部分资产的经营权。为了解这些分企业或部门履行经济责任的情况,独立的内部审计会担当此职,行使确认职能,对其职责履行情况进行确认和评价,促使内部控制的组织保证得到了进一步加强。

三、内部控制对内部审计的推动作用

内部控制对内部审计发展的推动作用主要表现在以下方面：

（一）内部控制融合内部审计的发展

企业内部控制融合内部审计的发展主要表现在：一方面，随着企业之间竞争的日益激烈，传统内部审计仅仅局限于以查错防弊为目标的管理要求，已经不能适应企业生存的需要，内部审计理论和实践，都日益强调依赖内部控制的功效和成果，关注企业的风险。另一方面，有效的内部控制早就融入了有关审计的信息传送、传导这些自我监控与自我评估的重要内容，并把内部审计机制和审计风险纳入了内部控制的综合系统。

（二）内部控制推动内部审计的发展

内部审计作为企业内部管理和控制系统的组成部分，在董事会和经理关注的领域应该有所作为。在内部控制发展的不同时期，国际内部审计协会(IIA)对内部审计不同时期的定义体现了这一演进过程。

在"内部牵制"阶段，企业内部审计处于财务审计阶段，内部牵制推动内部审计的发展是以内部牵制、相互制衡为主要控制思想，控制的目的是保证财产的安全性。在"内部控制"阶段，内部控制推动内部审计的发展是引进了科学管理的思想，以会计控制和管理控制为基本内容，控制的目的是保证财产的安全、会计资料的真实可靠，这大大提高了内部审计的地位。

在"内部控制结构"阶段，内部控制推动内部审计的发展，是以内部牵制和系统管理为主要控制思想，以控制环境、会计制度、控制程序为基本结构，控制的目标是确保企业业务与管理政策的一致、保护资产、确保记录的完整性。此刻，内部审计已由财务审计转向管理审计，内部审计成为管理审计不可或缺的一部分。

在"内部控制整体框架"阶段，内部控制推动内部审计的发展是将内部牵制与管理理论有机结合，以控制环境、风险评估、控制活动、信息传递和监督为基本要素，以财务报告的可靠性、营运的效率性和效果性、法律法规的遵循性为控制目标，将内部审计由管理审计推向风险管理审计阶段。

可见，内部控制重心的变化，引发了内部审计内容的变化，同时也造成

了内部审计工作重心的转移,内部控制的发展对内部审计的工作内容产生了决定性影响,使得内部审计由财务审计发展到管理审计以至风险管理审计。

(三)内部控制与内部审计目标的一致性

企业内部控制不断推动内部审计的发展,将企业内部审计推向风险管理审计阶段,使内部审计与内部控制的目标具有高度一致性——实现企业增值,且以减少企业风险带来的损失和利用风险带来的机会作为实现企业目标的手段。无论从理论上还是实践上讲,内部审计都是内部控制系统的一个重要环节,是对其他内部控制环节的再控制,没有内部控制就没有内部审计,内部控制是内部审计的安身立命之本,是风险管理审计进入企业治理、评估改善企业风险管理的基础。

第四节　企业内部控制描述

为了评价被审计单位的内部控制,必须对其内部控制进行了解和描述。通过参阅被评价单位的规章制度、组织机构设置表和上一年度的审计工作底稿,或通过现场询问有关人员,以及通过内部审计人员的实地观察,可以了解和掌握被评价单位的内部控制系统的详细情况。了解和掌握被评价单位的内部控制系统的详细情况,主要是了解和掌握被评价单位的供产销和人财物等内部控制系统情况。在了解和掌握上述内部控制的详情以后,运用适当的方法将内部控制描述出来,供董事会和经理决策和管理之用,也供内部审计机构制定和修改内部审计计划和程序之用,或供日后查考之用。内部控制描述的方法通常有三种:文字表述法、调查表法和流程图法[①]。

一、文字表述法

文字表述法是指内部审计人员对被评价单位内部控制设计的有效性

[①]刘丽花,杨盛然,叶敏.构建内部审计整改闭环机制研究[J].经济师,2022(4):125-126,129.

和执行的有效性所作的文字叙述。这种文字叙述一般是按不同的业务环节,分别写明各个职务所完成的各种工作、办理业务时所经历的各种手续等,还应阐明各项工作的负责人、经办人员以及由他们编写和记录的文件凭证等。

在采用文字表述法时,内部审计人员通常向被评价单位的工作人员提出一系列问题,如:你经办哪些业务和凭证?这些业务是如何发生的?要据以编制什么凭证?它们要经过什么审批手续?处理这些业务和凭证应编制什么会计分录?是否经过复核?如何登记账簿?将这些问题的答案逐一记录下来,并经内部审计人员实地观察和核实,然后整理、串联起来,即可形成文字表述的书面说明,以描述被评价单位内部控制的实际情况。

文字表述法的优点:比较灵活,可对被评价单位内部控制的各个环节作出比较深入和具体的描述,不受任何限制;缺点:对内部控制的描述,有时很难用简明易懂的语言来详细说明各个细节,因而有时使用文字表述显得比较冗赘,不利于为有效地进行内部控制评价和控制风险评价提供直接的依据。文字表述法几乎适用于任何类型、任何规模的单位,特别适用于内部控制不够健全、内部控制程序比较简单和比较容易描述的小企业。

二、调查表法

调查表法是将那些与保证会计记录的正确性和可靠性以及与保证财产物资的完整性有密切关系的事项列为调查对象,由内部审计人员设计成标准化的调查表,并利用表格形式,通过询问来了解内部控制的强弱程度。

采用调查表法,内部审计人员应根据内部控制的基本原则及其应达到的目的和要求,把企业各经营环节的关键控制点及主要问题,预先编制一套标准格式的调查表。在调查表中,为每个问题分设"是""否""不适用""备注"四栏。其中,"是"表示肯定,"否"表示否定,"不适用"表示该问题不适用于被评价单位;还可在"否"这一栏中根据控制差的轻重程度,再细分为"较轻"和"较重"两栏;"备注"栏用于记录回答问题的资料来源以及对有关问题的说明。

内部控制调查表中的"问题",是针对内部控制是否有效,综合考虑各方面的因素提出的。问题的拟订应针对各项业务或业务循环的特点,既要抓住要害,又要便于回答。对表中提出的问题,要求被评价单位有关工作人员据实作出"是""否""不适用"的回答,借以查明被评价单位的实际情况。

调查表法的优点:①简便易行,即使没有较高专业知识和专业技能的人员也能操作;②能对所调查的对象提供一个概括说明,有利于内部审计人员分析评价;③编制调查表省时省力,可在评价项目初期就较快地编制完成,可以减少内部审计人员的工作量;④调查表"否"栏集中反映内部控制存在的问题,能引起内部审计人员的高度重视。缺点:对被评价单位某一环节的内部控制只能按所提问题分别考察,往往难以提供一个完整的、系统的、全面的分析评价;由于调查表格式固定,缺乏弹性,对于不同行业的被评价单位或是特殊情况,往往"不适用"栏填得太多,而使调查表法不太适用。此外,调查人员机械地照表提问,往往会使被调查人员漫不经心,流于形式,失去调查表的意义。

三、流程图法

流程图法是指用特定的符号和图形,表示内部控制中的各种业务处理手续,以及各种文件或凭证的传递流程,用图解的形式直观地表现内部控制的实际情况。

现代企业内部各个部门与人员分工明确、协作紧密,均按照职责分工,分别从事各自的业务活动,并根据经合法审批的文件或凭证执行。这些文件凭证在各部门人员之间的传递,既反映了各项业务的处理过程,又协调了各项业务活动,形成一种连续不断的流转过程。用特定的符号和图形,将这种过程以图解的方式描述出来,就是流程图。一般是每个主要经营环节应绘制一张流程图,将各个经营环节的流程图合并起来,就构成整个企业生产经营的流程图。

绘制流程图一般有两种方法:一种是纵向流程图;另一种是横向流程图。纵向流程图是将业务的处理过程按照先后次序,用一条主线垂直串联起来,并将经济业务发生的凭证编制、传递、记账程序等从上至下用图形符号描绘出来。横向流程图则横向表示业务处理程序,按业务部门设置若干竖栏,将业务处理程序由左到右、由上向下,用图形符号表示凭证的编制、传递、保管、记账、复核乃至编表的过程,并用流程线把各项业务活动串联起来。

无论采用何种方法绘制流程图,都必须事先确定图形符号。同时,必须注意如下要求:

第一,采用平面制图法,图中标明业务处理流程经过的部门及负责人。

第二,流程图应绘制得简单明了、合乎逻辑,业务处理程序从发生的起点至进入永久性档案的终点应予以充分、完整的表达。

第三,流程图中少用叙事性说明,多用符号,符号力求标准、统一、直观,尽量使用事先规定好的符号绘图。

第四,当一个系统分布在几个方面时,应将最主要的路线画在主图上,其他路线画在分开的流程图上或用脚注说明。

第五,注明各种凭证、账册和报表的名称和份数及归档、保存的情况。

第六,标明各项业务的关键控制点和核对情况。

用流程图法描述内部控制系统颇受国内外审计人员的欢迎。美国、英国、加拿大、澳大利亚等国家的审计组织将流程图技术广泛应用到审计实务中,还专门制定了一套绘制流程图的方法和标准符号。我国已在审计实务中开始应用流程图方法和技术。

第五节　企业内部控制评价

按照企业内部控制规范体系的规定,建立健全和有效实施的内部控制,评价其有效性,并如实披露内部控制评价报告是企业董事会的责任。企业经理负责组织领导企业内部控制的日常运行。

一、内部控制评价的原则和内容

（一）内部控制评价的原则

企业实施内部控制评价,应当遵循下列原则。

1. 全面性原则

内部控制评价工作应当包括内部控制的设计与运行,涵盖企业及其所属单位的各种业务和事项。

2.重要性原则

内部控制评价工作应当在全面评价的基础上,关注重要业务单位重大业务事项和高风险领域。

3.客观性原则

内部控制评价工作应当准确地揭示经营管理的风险状况,如实反映内部控制设计与运行的有效性。

企业应当根据评价指引,结合内部控制设计与运行的实际情况,制定具体的内部控制评价办法。规定评价的原则、内容、程序、方法和报告形式等,明确相关机构或岗位的职责权限,落实责任制,按照规定的办法、程序和要求,有序开展内部控制评价工作。企业董事会应当对内部控制评价报告的真实性负责[①]。

(二)内部控制评价的内容

企业应当根据《企业内部控制基本规范》、应用指引以及本企业的内部控制制度,围绕内部环境、风险评估、控制活动、信息与沟通、内部监督等要素确定内部控制评价的具体内容,对内部控制设计与运行情况进行全面评价。

第一,内部环境评价。企业应当以组织架构、发展战略、人力资源、企业文化、社会责任等应用指引为依据,结合本企业的内部控制系统,对内部环境的设计及实际运行情况进行认定和评价。

第二,风险评估评价。企业应当以《企业内部控制基本规范》有关风险评估的要求,以及各项应用指引中所列主要风险为依据,结合本企业的内部控制制度,对日常经营管理过程中的风险识别、风险分析、应对策略等进行认定和评价。

第三,控制活动评价。企业应当以《企业内部控制基本规范》和各项应用指引中的控制措施为依据,结合本企业的内部控制制度,对相关控制措施的设计和运行情况进行认定和评价。

第四,信息与沟通评价。企业应当以内部信息传递、财务报告、信息系统等相关应用指引为依据,结合本企业的内部控制制度,对信息搜集、处理和传递的及时性、反舞弊机制的健全性、财务报告的真实性、信息系统的安

---

① 刘沛.高校内部审计与廉政风险防控研究[J].老字号品牌营销,2022(8):74-76.

全性以及利用信息系统实施内部控制的有效性等进行认定和评价。

第五,内部监督评价。企业组织开展内部监督评价,应当以《企业内部控制基本规范》有关内部监督的要求,以及各项应用指引中有关日常管控的规定为依据,结合本企业的内部控制制度,对内部监督机制的有效性进行认定和评价,重点关注监事会、审计委员会、内部审计机构等是否在内部控制设计和运行中有效发挥监督作用。

内部控制评价工作应当形成工作底稿,详细记录企业执行评价工作的内容,包括评价要素、主要风险点、采取的控制措施、有关证据资料以及认定结果等。评价工作底稿应当设计合理、证据充分、简便易行、便于操作。

二、内部控制评价的方法和程序

(一)内部控制评价的方法

从内部控制评价本身以及目前的发展情况来看,主要存在详细评价法和风险基础评价法两种方法。

1. 详细评价法

在《企业内部控制——整合框架》中,美国反虚假财务报告委员会(COSO)指出,确定某一企业内部控制系统是否有效是一种在评估五个要素是否存在以及是否有效发挥作用基础上的主观判断,这些要素也是有效内部控制的评价标准。COSO还指出,认定一个企业的风险管理是否有效,是在对八个构成要素是否存在和有效运行进行评估的基础之上所作的判断,构成要素也是判定企业风险管理有效性的评价标准。在美国证券交易委员会2003年6月通过的实施SOX法案404节的规则(SEC,2003)以及后来发布的董事会评价指南中,都强调内部控制评价的程序必须足以既能评价财务报告内部控制的设计,又能测试运行的有效性。因此,根据这个思路,很多企业和会计师事务所都曾经采用过详细评价法。这种方法的基本思路是:以内部控制框架为参照物,根据内部控制框架的构成要素是否存在评价内部控制的设计有效性,测试内部控制的运行有效性,最后对内部控制的有效性作出总体评价,评估内部控制目标实现的风险,判断是否存在重大缺陷,确定内部控制是否有效。

2.风险基础评价法

评价企业内部控制的另一种思路和方法,不是从控制到风险,而是从风险到控制,即从内部控制相关目标实现的风险到内部控制。首先,要评估相关目标实现的风险。其次,识别和确定企业充分应对这些风险的内部控制是否存在,即评价内部控制的设计有效性。再次,识别和确定内部控制运行有效性的证据,评价现有的内部控制是否得到了有效的运行。最后,对控制缺陷进行评估。判定是否构成实质性缺陷,确定内部控制是否有效。对于不同的控制目标来说,目标风险的含义,内部控制重大缺陷的含义是不相同的,在评价每一类目标时都需要作具体设定。

我国《企业内部控制评价指引》第十五条规定,内部控制评价工作组对被评价单位进行现场测试时,可以单独或者综合运用个别访问、调查问卷、穿行测试,抽样、实地查验、比较分析和专题讨论等方法,充分收集被评价单位内部控制设计和运行是否有效的证据,按照评价的具体内容,如实填写评价工作底稿,研究分析内部控制缺陷。

第一,个别访问法主要用于了解企业内部控制的现状,在企业层面评价及业务层面评价的了解阶段经常使用。访问前应根据内部控制评价需求形成访谈提纲,撰写访问纪要,记录访问的内容。为了保证访谈结果的真实性,应尽量访谈不同岗位的人员,以获得更可靠的证据。如分别访问人力资源部主管和基层员工:企业是否建立了员工培训长效机制? 培训是否能满足员工和业务岗位需要?

第二,调查问卷法主要用于企业层面评价。调查问卷应尽量扩大对象范围,包括企业各个层级员工,应注意事先保密性,题目尽量简单易答(如答案只需为"是""否""有""没有"等)。比如:你对企业的核心价值观是否认同? 你对企业未来的发展是否有信心?

第三,穿行测试法是指在内部控制流程中任意选取一笔交易作为样本,追踪该交易从最初起源直到最终在财务报表或其他经营管理报告中反映出来的过程。即该流程从起点到终点的全过程,以此了解控制措施设计的有效性并识别出关键控制点。如针对销售交易,选取一批订单,追踪从订单处理—核准信用状况及赊销条款—填写订单并准备发货—编制货运单据—订单运送、递送追踪至客户或由客户提货—开具销售发票—复核发票的准确性并邮寄、送至客户—生成销售明细账—汇总销售明细账,并过账至总账和应收账款明细账等交易的整个流程,考虑之前对相关控制的了解是否正确和完整,并确定相关控制是否得到执行。

第四,抽样法分为随机抽样和其他抽样。随机抽样是指按随机原则从样本库中抽取一定数量的样本。其他抽样是指人工任意选取或按某一特定标准从样本库中抽取一定数量的样本。使用抽样法时,首先要确定样本总体的完整性,即样本总体应包含符合控制测试的所有样本;其次要确定所抽取样本的充分性,即样本的数量应当能检验所测试的控制点的有效性;最后要确定所抽取样本的适当性,即获取的证据应当与所测试控制点的设计和运行相关,并能可靠地反映控制的实际运行情况。

第五,实地查验法主要针对企业业务层面控制,它通过使用统一的测试工作表,与实际的业务、财务单证进行核对的方法进行控制测试。如实地盘点某种存货。

第六,比较分析法是指通过数据分析、识别评价关注点的方法。数据分析可以是与历史数据、行业(企业)标准数据或行业最优数据等进行比较。比如针对具体客户的应收账款周转率进行横向或纵向比较,分析存在异常的应收客户款,进而对这些客户的赊销管理控制进行检查。

第七,专题讨论法主要是集合有关专业人员就内部控制执行情况或控制问题进行分析,既可以是控制评价的手段,也是形成缺陷整改方案的途径。对于同时涉及财务、业务、信息技术等方面的控制缺陷,往往需要由内部控制管理部门组织召开专题讨论会议,综合内部各机构、各方面的意见,研究确定缺陷整改方案。

在实际评价工作中,以上这些方法可以配合使用。此外,还可以使用观察、检查、重新执行等方法。也可以利用信息系统开发检查方法,或利用实际工作和检查测试经验。对于企业通过信息系统采用自动控制、预防控制的,应在方法上注意与人工控制、发现性控制的区别。

（二）内部控制评价的程序

企业内部控制评价程序一般包括制订评价工作方案、组成评价工作组、实施现场测试、认定控制缺陷、汇总评价结果、编报评价报告等环节。

企业可以授权内部审计部门或专门机构(以下简称"内部控制评价部门")负责内部控制评价的具体组织实施工作。

　　第一,制订评价工作方案。企业内部控制评价部门应当拟订评价工作方案,明确评价范围、工作任务、人员组织、进度安排和费用预算等相关内容,报经董事会或其授权机构审批后实施。

　　第二,组成评价工作组。企业内部控制评价部门应当根据经批准的评价方案,组成内部控制评价工作组,具体实施内部控制评价工作。评价工作组应当吸收企业内部相关机构熟悉情况的业务骨干参加。评价工作组成员对本部门的内部控制评价工作应当实行回避制度。企业可以委托中介机构实施内部控制评价。为企业提供内部控制审计服务的会计师事务所,不得同时为同一企业提供内部控制评价服务。

　　第三,实施现场测试。内部控制评价工作组应当对被评价单位进行现场测试,综合运用个别访谈、调查问卷、专题讨论、穿行测试、实地查验、抽样和比较分析等方法,充分收集被评价单位内部控制设计和运行是否有效的证据,按照评价的具体内容,如实填写评价工作底稿,研究分析内部控制缺陷。

　　第四,认定控制缺陷。内部控制缺陷包括设计缺陷和运行缺陷。企业对内部控制缺陷的认定,应当以日常监督和专项监督为基础,结合年度内部控制评价,由内部控制评价部门进行综合分析后提出认定意见,按照规定的权限和程序进行审核后予以最终认定。

　　内部控制评价工作组应当根据现场测试获取的证据,对内部控制缺陷进行初步认定,并按其影响程度分为重大缺陷、重要缺陷和一般缺陷。

　　重大缺陷,是指一个或多个控制缺陷的组合,可能导致企业严重偏离控制目标。

　　重要缺陷,是指一个或多个控制缺陷的组合,其严重程度和经济后果低于重大缺陷,但仍有可能导致企业偏离控制目标。

　　一般缺陷,是指除重大缺陷、重要缺陷之外的其他缺陷。

　　第五,汇总评价结果。企业内部控制评价工作组应当建立评价质量交叉复核制度,评价工作组负责人应当对评价工作底稿进行严格审核,并对所认定的评价结果签字确认后提交企业内部控制评价部门。

　　企业内部控制评价部门应当编制内部控制缺陷认定汇总表,结合日常监督和专项监督发现的内部控制缺陷及其持续改进情况,对内部控制缺陷及其成因、表现形式和影响程度进行综合分析和全面复核,提出认定意见,并以适当的形式向董事会、监事会或者经理层报告。重大缺陷应当由董事会予以最终认定。

企业对于认定的重大缺陷,应当及时采取应对策略,切实将风险控制在可承受范围之内,并追究有关部门或相关人员的责任。

第六,编报评价报告。企业应当设计内部控制评价报告的种类、格式和内容设计,明确内部控制评价报告编制程序和要求,按照规定的权限报经批准后对外报出。

内控评价应围绕内部环境、风险评估、控制活动、信息与沟通、内部监督等要素进行,对内部控制评价过程、内部控制缺陷认定及整改情况、内部控制有效性的结论等相关内容作出披露。

(三)企业年度内部控制评价报告

企业年度内部控制评价报告的内容如下:

第一,标题。年度内部控制评价报告标题统一为"××股份有限公司××年度内部控制评价报告"。

第二,收件人。年度内部控制评价报告收件人统一为"××股份有限公司全体股东"。

第三,引言段。年度内部控制评价报告引言段应当说明评价工作主要依据、内部控制评价报告基准日等内部控制评价基本信息。

第四,重要声明。年度内部控制评价报告重要声明应当说明董事会、监事会及董事、监事、高级管理人员对内部控制及年度内部控制评价报告的相关责任,以及内部控制的目标和固有的局限性。

第五,内部控制评价结论。年度内部控制评价报告应当分别披露对财务报告内部控制有效性的评价结论,以及是否发现非财务报告内部控制重大缺陷,并披露自内部控制评价报告基准日至内部控制评价报告发出日之间是否发生影响内部控制有效性评价结论的因素。

第六,内部控制评价工作情况。年度内部控制评价报告应当披露内部控制评价范围、内部控制评价工作依据及内部控制缺陷认定标准,以及内部控制缺陷认定及整改情况。内部控制评价范围应当从纳入评价范围的主要单位、业务和事项以及高风险领域三个方面进行披露,并对评价范围是否存在重大遗漏形成明确结论。如果评价范围存在重大遗漏或法定豁免,则应当披露评价范围重大遗漏的具体情况及对评价结论产生的影响以及法定豁免的相关情况。

内部控制评价工作依据及缺陷认定标准应当披露企业开展内部控制评价工作的具体依据以及进行缺陷认定的具体标准及其变化情况。企业应当区分财务报告内部控制和非财务报告内部控制,分别披露重大缺陷、重要缺陷和一般缺陷的认定标准。

内部控制缺陷认定及整改情况应当区分财务报告内部控制和非财务报告内部控制,分别披露报告期内部控制重大缺陷和重要缺陷的认定结果及缺陷的性质、影响、整改情况、整改计划等内容。

第七,其他内部控制相关重大事项说明。企业应当在年度内部控制评价报告其他内部控制相关重大事项说明段中披露可能对投资者理解内部控制评价报告评价内部控制情况或进行投资决策产生重大影响的其他内部控制信息。

企业应当以12月31日作为年度内部控制评价报告的基准日。内部控制评价报告应于基准日后4个月内报出。

第六章 风险控制视角下的企业风险导向内部审计模式

所谓风险导向内部审计是指以对整个组织的风险进行评估与改善为最终目的,以风险评估为导向,并根据风险评估的结果来决定内部审计的目标、范围和方法的一种审计模式。这里"组织的风险",更多的是指企业在生产经营过程中面临的各种风险,即那些可能对企业战略和目标的实现产生影响的事件、行为和环境,包括信贷风险、市场风险、技术风险、人事风险等。风险评估是基础,是最根本的技术手段,评估结果直接引导内部审计资源的分配。实现对组织风险的改善是内部审计的根本目的,这一理念应始终贯穿于内部审计战略规划和年度审计计划的制订以及具体审计项目实施的全过程。

第一节 风险、审计风险与风险管理

一、风险

现代意义上的"风险"一词,已经大大超越了"遇到危险"的狭义含义,而是"遇到破坏或损失的机会或危险"。经过200多年的演绎,"风险"一词随着人类活动的复杂性和深刻性而逐步深化,并被赋予了从哲学、经济学、社会学、统计学甚至文化艺术领域的更广泛、更深层次的含义,且与人类的决策和行为后果联系越来越紧密,"风险"也成为人们生活中出现频率很高的词汇。目前,学术界对风险的内涵还没有统一的定义,由于对风险的理解和认识程度不同,或对风险的研究的角度不同,不同的学者对风险概念有着不同的解释，大致可以归纳为以下几种代表性观点[1]。

（一）风险是事件未来可能结果发生的不确定性

美国学者莫布雷称风险为不确定性；美国学者威廉斯将风险定义为在给定的条件和某一特定的时期，未来结果的变动；美国经济学家马科维茨和夏普等将证券投资的风险定义为该证券资产的各种可能收益率的变动程度，并用收益率的方差来度量证券投资的风险，通过量化风险的概念改变了投资大众对风险的认识。由于方差计算的方便性，风险的这种定义在实际中得到了广泛的应用。

（二）风险是损失发生的不确定性

美国学者罗森博将风险定义为损失的不确定性，美国学者克莱恩认为风险意味着未来损失的不确定性，美国学者鲁弗利等将风险定义为不利事件或事件集发生的机会。

（三）风险是指可能发生损失的损害程度的大小

风险可以引申定义为预期损失的不利偏差，这里的所谓不利是指对保险企业或被保险企业而言的。马科维茨在别人质疑的基础上，排除可能收益率高于期望收益率的情况，提出了下方风险（Downsiderisk）的概念，即实现的收益率低于期望收益率的风险，并用半方差（Semnivaviance）来计量下方风险。

（四）风险是指损失的大小和发生的可能性

风险是指在一定条件下和一定时期内，由于各种结果发生的不确定性而导致行为主体遭受损失的大小以及这种损失发生可能性的大小，它以损失发生的大小与损失发生的概率两个指标进行衡量。

所谓风险是指在决策过程中，由于各种不确定性因素的作用，决策方案在一定时间内出现不利结果的可能性以及可能损失的程度。它包括损失的概率、可能损失的数量以及损失的易变性三个方面内容，其中可能损失的程度处于最重要的位置。

---

[1]刘媛，姜剑，胡琳.企业财务管理与内部审计研究[M].西安：黄河水利出版社，2019：26-28.

（五）风险是由风险构成要素相互作用的结果

风险因素、风险事件和风险结果是风险的基本构成要素，风险因素是风险形成的必要条件，是风险产生和存在的前提。风险事件是外界环境变量发生预料未及的变动从而导致风险结果的事件，它是风险存在的充分条件，在整个风险中占据核心地位。风险事件是连接风险因素与风险结果的桥梁，是风险由可能性转化为现实性的媒介。

风险是在一定时间内，以相应的风险因素为必要条件，以相应的风险事件为充分条件，有关行为主体承受相应的风险结果的可能性。

综上所述，无论如何定义"风险"一词，其基本的核心含义都是"未来结果的不确定性或损失"。如果采取适当的措施使破坏或损失的概率不会出现，或者说智慧认知、理性判断，继而采取及时而有效的防范措施，那么风险可能带来机会，由此进一步延伸的意义，不仅仅规避了风险，可能还会带来比例不等的收益，有时风险越大，回报越高、机会越大。因此，如何判断风险、选择风险、规避风险继而运用风险，在风险中寻求机会创造收益，意义更加深远而重大。

二、审计风险

审计风险概念的引入，最初源于民间审计机构和人员被诉讼案件的不断增多。

为保护民间审计职业界，使其尽可能远离法律诉讼，审计理论界开始重视研究民间审计风险问题。如今，审计风险已成为审计理论体系的一个十分重要的概念。在民间审计领域，实务界对审计风险的定义基本都围绕审计师对财务报表未能发表适当意见来解释的，如《国际审计准则第25号——重要性和审计风险》将审计风险定义为"审计人员对实质上误报的财务资料可能提供不适当意见的风险"；美国《审计准则说明第47号》认为，"审计风险是审计人员无意地对含有重要错报的财务报表没有适当修正审计意见的风险"；而我国《独立审计具体准则第9号——内部控制与审计风险》则认为，"审计风险，是指会计报表存在重大错报或漏报，而注册会计师审计后发表不恰当审计意见的可能性"。以上对审计风险的解释，实质上都是强调了审计师的风险，也就是指审计机构或人员在审计过程中由于受某些不确定因素的影响，审计结论与客观事实存在一定程度上背离，从而受到被审单位或其他关联方指控并遭受某种损失的可能性。

具体到内部审计领域，对风险的理解与民间审计不尽相同。尽管内部审计同样是从审计机构和审计人员的角度关注内部审计师作出与客观事实相背离结论的可能性，如《内部审计具体准则第17号——重要性与审计风险》将"内部审计风险"定义为"内部审计人员未能发现被审计单位经营活动，及内部控制中存在的重大差异或缺陷而作出不恰当结论的可能性"，但考虑到内部审计作为企业的一部分，审计师更加关注的是对企业目标的实现会产生影响的事项，其风险则相应地扩大为企业或组织在经营过程中面临的不能实现其目标的各种可能性，并将其作为确定审计项目及审计重点的依据。这样，当风险管理成为组织中的关键流程，内部审计重点就已经不再是测试控制，而是确认风险及测试管理风险。

（一）诉讼风险导向

诉讼风险导向审计模式的核心在于考虑了审计主体的自利动机，审计风险模型为审计风险＝固有风险×控制风险×检查风险×诉讼风险。在这一模式下，审计师如果面临民事赔偿机制不健全或赔偿风险可以转嫁的情况，则可能以牺牲审计质量为代价转而千方百计节约审计成本。比如，审计师只要经过测试认为诉讼风险可以接受，即使发现被审计单位财务报表存在不符合会计准则的现象，也可能为其签发无保留意见。因此，这种审计模式实际上是在法律、职业道德规范和自身利益之间寻求平衡的产物，极有可能背离社会公众对审计职业的期望，扭曲审计的本质。

（二）重大错报风险导向

重大错报风险导向审计模式以报表重大错报风险的评估为核心，审计风险模型为审计风险＝重大错报风险×检查风险。美国注册会计师协会（AICPA）于2002年10月颁布了《审计准则第99号——考虑会计报表中的舞弊》SAS No.99以替代SAS No.82。该准则明确提出了解舞弊环境的重要性，要求审计师全过程关注会计报表的重大错报风险，并且应该以评估会计报表重大错报风险为整个审计工作的起点和导向。2003年10月以来，国际会计师联合会下属的国际审计的鉴证准则理事会（IAASB）发布的新的国际审计准则也引入了"重大错报风险"概念，并规定评估重大错报风险是首要的和必要的审计程序，这为注册会计师的审计工作找到了正确的起点和导向。

(三)控制风险导向

现代会计报表审计是制度基础审计,注册会计师必须充分研评内部控制,以合理计划会计报表审计工作,并且在整个审计过程中正确运用审计风险的概念,将审计风险降至可接受水平。控制风险导向审计在评价审计风险时以控制风险为风险评价的核心,审计风险模型为审计风险 = 固有风险×控制风险×检查风险。在这一模式下,审计师对固有风险的评估是基于不存在相关内部控制的假设,而这一假设在现实中是不存在的。这就导致对固有风险评估不到位,往往将固有风险简单地确定为高水平,进而严重制约其实际应用效果。此外,在这种模式下,由于审计师忽略对固有风险的评估,不注重从宏观层面上了解企业及其环境,往往仅从较低层面上偏重对账户余额和交易层次风险的评估,很难发现内部控制失效导致的重大错报和舞弊风险。

(四)经营风险导向

20世纪90年代以来,国内外一系列审计失败事件的爆发导致经营风险导向审计的崛起,其核心是试图通过对被审计单位经营风险的全面评价,寻找高风险领域,从而集中审计资源,实现审计目标。国内持该观点的代表学者胡春元认为,风险基础审计最显著的特点是它将客户置于一个大的经济环境中,运用立体观察的理论来判定影响企业持续经营的因素。从企业所处的商业环境、条件到经营方式和管理机制等构成控制因素的内外部各个方面来分析评估审计的风险水平,将客户的经营风险植入到本身的风险评价中。值得注意的是,经营风险导向审计至今没有形成成熟的理论和方法,定性原则较多但缺乏定量标准。随着企业全面风险管理的开展,经营风险的外延也不断扩大,企业在生产经营过程中面临的各种风险,即那些可能对企业战略和目标的实现产生影响的事件、行为和环境,包括信贷风险、市场风险、技术风险、人事风险等都纳入经营风险的范围。

IIA2001年发布的《内部审计实务标准》指出,推行风险导向内部审计就是要求内部审计以内部控制作为生存与发展的基础,以企业治理作为参与风险管理的前提条件,以对组织风险的评估与改善作为基本目标。这就意味着,内部审计在继续发挥对内部控制的效率和效果的评价作用,促进控制的改善,帮助组织保持有效控制的同时,更要参与风险管理,帮助组织发现并评价重要的风险因素,促进组织改进风险管理体系,它既可以作为企业管理者的指南,也可用作通报企业风险,进而满足控制、风险管理、信息交流、监督等多方面的要求。因此,内部审计作为结合企业风险管理的有效工具,在审计过程中应始终关注企业风险,依据风险选择项目识别风险,测试管理者降低风险的方法,并以企业风险为中心出具审计报告,协助企业管理风险。

三、风险管理

在20世纪前,企业管理中并没有将风险和机会区分开来,风险的管理没有从企业的日常管理中单列出来。1929—1933年发生的最严重的世界性经济危机,促使管理层注意如何采取某种措施来消除风险、控制风险、处置风险,以减少风险给生产带来的影响。1931年,美国管理协会保险部首先提出"风险管理"概念。20世纪50年代,美国通用汽车企业的自动变速器装置引发火灾,造成巨额经济损失。之后因美国钢铁行业团体人身保险福利问题及退休金问题诱发长达半年的工人罢工,给国民经济带来难以估量的损失。这些事件促进了风险管理在企业界的推广,风险管理的研究逐步趋向系统化、专门化,风险管理也成了企业管理科学中一门独立学科,全面风险管理也逐渐发展成为各行业关注的焦点。

(一)企业风险管理的定义

风险管理是一个过程,它由企业董事会、管理当局及其他人员实施,用于战略制定并贯穿于日常运营活动,旨在识别可能会影响到企业的潜在风险,并管理风险至可接受的水平以内,从而为企业目标的实现提供合理保证。简而言之,风险管理就是"对威胁到企业资产、收益或核心服务的风险进行识别、衡量和控制"。它是一个由上至下的方法,基于并支持业务战略,并着重于最重要的风险领域。广义上讲,"任何会妨碍企业实现其目标的因素"都归属于企业风险的范畴。企业风险可以分类为战略风险、市场风险、财务风险、运营风险、法律风险等。

(二)对于企业风险管理的理解

企业风险管理是通过正确地应对风险与机遇来创造或保持价值,从而

为实现目标提供合理保证。为保证正确地理解这一定义,需要注意以下几点:

1.企业的风险管理是一个过程

企业风险管理不是静止的、一成不变的,而是一个持续改进的过程,它与企业日常的经营活动息息相关。企业的风险管理机制只有嵌入到企业的基本制度,并成为企业一个不可分割的部分时,才有可能发挥最大效用。

2.企业风险管理受企业各个层级员工的影响

企业风险管理机制是由企业董事会、管理层和其他员工建立并执行的。人们设立企业的使命、战略和目标,并建立和实施风险管理机制。同时,企业的风险管理体系也对企业员工的行为产生相应的影响。但是,在一个企业,不同的员工具有不同的教育背景、经历、技能,也有不同的需求和偏好,因而他们确认、评估和响应风险的认识态度和方法也不一致。比如说,在确定企业的信用政策时,营销副总根据其掌握的信息与沟通情况,可能会建议对某一特定客户加大信用额、延长信用期限;而企业CFO则根据对该客户财务报表的分析,考虑到坏账风险、资本成本等因素而建议提供较小的信用额度和较短的信用期限。企业风险管理就是要提供这样一种机制,来帮助员工从企业目标实现这一角度来理解风险,将员工的职责、权限、工作方式与企业目标之间建立一个明确、紧密的关联。特别需要指出的是,在一个企业中,董事会主要承担监督职责,但对企业战略、重大交易、政策进行方向性的指导与审批,因此,董事会是企业风险管理中一个非常重要的组成部分。

3.企业的风险管理应当运用于战略的制定

每个企业都有自己的使命、愿景,以及相应的战略目标。企业需要建立一系列的战略来实现其战略目标。除战略目标外,企业还应有一些相关的、具体的目标,这些目标源自企业的战略,渗透到企业的各个业务单元、分部和流程。企业的风险管理应该运用于战略的制定,而战略制定就是在风险与相关的替代策略之间的权衡与选择。比如说,企业的发展有两种战略:一是收购其他企业扩大市场份额;二是通过成本控制取得更高的毛利率。每一种战略选择都会涉及相应的风险。收购其他企业,必须开拓新的市场,竞争对手可能乘虚而入,侵蚀企业现有的市场份额;并且企业也可能缺乏实施这一战略的能力。而采用成本领先策略，则需要采用新技术、寻找新的供应商或建立新的战略联盟。企业的风险管理技术可以帮助企业管理层评估和选择企业相应的战略与目标。

4.企业风险管理涉及企业的方方面面

企业的风险管理应该运用于企业的各个活动层面，包括企业层面的战略计划、资源配置；部门层面如市场活动与人力资源管理；流程方面如生产与新客户信用的审视等。企业风险管理还可应用于一些特定的项目或新举措上。企业风险管理要求企业采用"组合风险"观点，这一点，应引起国内企业的充分重视。比如说，企业某一分部的各种风险可能是在该分部的风险偏好之内，但各分部的风险总和可能会超出企业作为一个整体的风险限度。相反，在某一分部看来是不能承受的风险，可能被另一个部门的经营业务所抵消。比如说最近生意红火的一家IT集团公司，有电脑子公司（从事PC、服务器、数码产品等的制造与销售）、外设子公司（打印机、终端等产品的制造与销售）、计算机软件与系统集成子公司，以及网络产品制造与销售子公司。单从网络产品子公司来看，投入大量的研究与开发费用风险较大，已超出该子公司的风险可接受范围；但由于其他子公司具有较高的获利能力，因此，从集团公司的角度看，网络产品公司对研究与开发项目的投入所带来的风险在可承受范围内。所以，企业需要确认关联风险，并采取行动，从而使得企业的整体风险与企业的风险偏好相一致。

5.企业风险管理与风险偏好

所谓风险偏好，广义地讲，就是企业在追求其价值增值过程中所愿意接受的风险数量。它反映了一个企业风险管理的哲学，反过来也会对企业文化与经营风格产生影响。许多企业定性地考虑风险偏好问题，将风险分为高、中、低几个大类；另外一些企业采用定量方法，在增长、收益与风险之间进行平衡。风险偏好引导企业的资源配置。高风险偏好的企业愿意将企业的大部分资本投入高风险的领域，如新兴市场等。相反，低风险偏好的企业可能为了防止在短期市场上可能出现的巨大损失而仅仅投资于成熟、稳定的市场。风险偏好与企业的战略直接相关。不同的战略伴随着不同的风险，因此，企业风险管理有助于管理层找到一种预期价值创造与企业风险偏好相一致的战略。企业的风险承受度与企业的目标相关，风险承受度指企业经营偏离某一具体目标的可接受程度。在确定风险承受度时，管理层应该考虑各具体目标的相对重要性,并将风险承受度与风险偏好相协调。

6.企业风险管理仅对目标的实现提供合理的保证

良好设计与运行的企业风险管理体系可以给管理层和董事会在企业目标的实现方面提供一个合理的保证。之所以只能提供合理的保证而非绝对的保证,是因为不确定性、风险与未来有关,谁也不能够准确地加以估计。但合理的保证并不意味着企业风险管理会经常失效。企业风险管理实施中风险反应的累积效应、内部控制制度的加强都会降低企业目标不能实现的风险。并且,企业风险管理将不同层级职能部门每个员工的日常经营与职责,都指向企业目标的实现,这无疑会减少内耗,促进企业目标的实现。当然,任何企业风险管理都有失效的可能。

第二节　企业风险导向审计模式的产生、目标与比较

一、风险导向审计模式的产生

风险导向审计模式是继账项导向审计模式、系统导向审计模式之后,在审计实务界采用的一种全新的审计模式。它是以对审计风险的评价作为一切审计工作的出发点,并贯穿于审计全过程的现代审计模式,其根本目标是将审计风险降低至可接受水平。由于适应了市场经济高度不确定性,和人们对审计期望值不断提高的要求,这种模式从一开始就显示其生命力,代表了现代审计发展的最新趋势。由系统导向审计发展为风险导向,审计可以归结为下列原因[①]。

(一)审计风险的急剧增加是风险导向审计产生的直接原因

审计风险是指审计人员通过实施审计程序,未能查出被审查对象中存在的重大错报、漏报,发表不恰当审计意见的可能性。可以说,自系统导向审计模式代替账项导向审计模式那一刻起,审计风险就已经存在了。这是因为,系统导向审计模式是在对内部控制制度进行符合性测试的基础上,

①柳鑫.国有商业银行普惠金融业务经营创新[D].昆明:云南财经大学,2021:16-18.

来确定实质性测试的性质、时间和范围的。该种模式大量使用测试和抽样技术,如果抽取的样本不能代表总体的特征,那么依据审计样本作出的审计结论和提出的审计意见就会出现偏差,就会发表不恰当的审计意见。然而,存在审计风险并不说明就存在风险导向审计,只有在审计风险发展到了一定程度,审计人员将对审计风险的评价作为审计的出发点并贯穿于审计过程的始终时,风险导向审计才可以产生。

(二)系统导向审计的内在缺陷及其解决需要风险导向审计

审计风险的存在是客观的和无法避免的,审计人员必须在审计成本与审计风险之间寻找平衡点,即在审计风险允许的条件下使审计成本最低。因此,风险导向审计就是适应这种需要,在系统导向审计的基础上发展起来的一种现代审计模式。这主要表现在如下方面:

第一,系统导向审计是在对内部控制制度进行符合性测试的基础上进行的,它只考虑内部控制制度,其中主要是内部会计控制,忽略内部控制系统以外的其他重要方面,这样在企业内部控制失效的情况下,系统导向审计模式实际上已经不能存在了。而风险导向审计模式将客户置于一个行业、法律、企业经营管理、内部控制、资金、生产技术,甚至企业的经营哲学等环境中,从各个方面研究环境对审计的影响。内部控制系统仅仅是其中一个方面而已。

第二,相对于传统审计,现代审计的重要标志是抽样审计的广泛运用。抽样审计的关键是确定抽取样本的规模,量化抽样风险。系统导向审计只关注控制的薄弱环节,而不从数量角度研究审计风险,风险导向审计研究内部控制并评估控制风险,除此以外,它还要评价固有风险、检查风险,确定审计抽样的数量,有目的地控制审计风险。因此,从技术的角度分析,风险导向审计比系统导向审计更先进。

第三,系统导向审计研究的内部控制仅局限于内部会计控制,忽略了管理方面对会计处理的重要影响,显然系统导向审计并不能保证审计结论的准确性。而风险导向审计对内部控制的研究是相当宽泛的。1992年,美国反对虚假财务报告委员会(COSO)颁布的《内部控制——整体框架》报告,认为内部控制结构要素应分为五类:控制环境、管理部门的风险评价、会计信息与传递系统、控制行为、监督。因此,风险导向审计以更为全面、完善的内部控制结构概念为基础,能更加有效地评价和控制风险。

(三)成本效益的原则要求系统导向审计模式发展为风险导向审计模式

无论民间审计、国家审计,还是内部审计,均应遵守成本效益的原则。也就是说,在降低审计成本的同时,提高审计质量,满足有关方面的需求。而决定审计成本的关键因素在于审计方法,为此审计人员就不得不寻找新的效率更高的审计方法。这就要求审计组织,一方面要满足有关方面的需求,收集充分胜任的审计证据,提出恰如其分的审计意见;另一方面又要使收集审计证据的成本最低。而要做到这一点,就要充分利用有限的审计资源,将主要人力和物力用于关键的审计环节。

二、风险导向审计模式的定义与功能

风险导向审计是企业整体风险管理系统的重要组成部分,它以管理层的风险承受水平为出发点,以优化企业关键风险管理、确保风险控制在企业风险承受水平之内为目标,通过一套系统的、规范的方法,来确保经营者履行受托风险责任。风险导向审计的本质是确保受托风险责任全面有效履行的控制机制。风险导向审计方法吸收了其他几种审计方法的优点,同时也考虑了关键经营目标、管理层风险承受水平以及关键风险计量和绩效指标。

(一)系统性

风险导向内部审计是一个相对独立的系统,同时也是企业管理系统的一个重要组成部分,是优化企业风险管理的关键部分,在企业核心能力的生成和运行中具有重要的不可替代的作用。它的生成是企业内部审计资源、能力和环境有效整合的连续一体化过程。风险导向内部审计有组成要素、结构及目标,具有复杂系统的显著特征。跨职能合作的需要以及内部审计能力各要素相互作用机制的复杂性,导致风险导向内部审计生成和运行更加复杂,因此,在其系统运行业务中,不仅要借助复杂的系统理论和方法进行指导,而且要重视其复杂性,注重内部审计资源、能力有效配置,结构优化,目标可协调,及时发现问题、分析问题和解决问题,以确保系统目标的实现。

（二）增值性

风险导向内部审计作为一种新的内部审计模式，能充分调动全体员工的积极性来发现风险事件或潜在机会，将风险转移或控制在企业风险承受水平内，或对潜在的机会加以利用，这种从下至上的合作，能为企业减少损失甚至带来收益，直接带来企业价值的增值。风险导向内部审计，整合了全面风险管理和内部审计职能，从上至下，从企业董事会到各子公司或各分部风险管理小组，明确责权利配置，可以监管、激励和约束内部审计行为，协调内部审计关系，优化审计资源的配置，提高内部审计效率，最终保证企业内部审计战略的实现，实现内部审计的价值增值作用，提升企业价值。

（三）依存性

风险导向内部审计依赖审计主体所依存的审计环境、资源、能力的状态水平，且随时空变化而变化、实现路径不同而不同。风险导向内部审计必须保持与内部审计战略和风险管理战略一致的动态调整，尤其要关注企业内外审计资源、内部审计能力的变动和调整。风险导向内部审计的运行是一个适应性的业务，企业必须采取与时俱进的观念和不断修正的方式来制定战略，并力求与企业环境和谐一致，以确保内部审计战略的实现。风险导向内部审计要体现企业战略对审计行动的指导性，并充分发挥其长期效能；当内部审计环境出现较大变化并影响全局时，必须利用机会，甚至创造机会，内部审计战略也应随之调整。

（四）创新性

风险导向内部审计是对审计技术和方法的创新。首先，将审计重心前移，从以审计测试为中心转移到以风险评估为中心，审计程序上包括风险评估程序、审计测试程序（包括符合性测试和实质性测试），重点是风险评估。其次，风险导向内部审计在以往内部审计的基础上大大加强了风险评估程序，真正体现了以风险管理为基础的审计理念。风险评估重心由内部控制向风险管理转移。风险导向审计对风险评估结构也进行了优化，使风险分析从零散走向结构化。风险分析结构化的最大好处是考虑了多方面的风险因素，便于作综合风险评估。此外，分析性程序成为风险评估的中心。审计师将现代管理中的分析工具充分运用于风险评估，不仅包括财务数据的分析,还包括非财务数据的分析。这就要求审计师的专业知识结构要发生相应的改变。也就是说,审计师不仅要精通审计知识,还要掌握常用的现代管理学分析工具。此外,在流程上体现了自上而下与自下而上相结合。自上而下与自下而上相互印证,有利于提高审计效率。

风险导向内部审计的目标是确保经营者受托风险管理责任的履行,其服务的对象主要是企业董事会和高层经营者,是以企业目标为出发点,对企业的风险管理进行评价和分析,以确保企业的关键风险控制在可接受水平之内。因此,风险导向审计功能是随着受托经济责任拓展到受托风险管理责任而拓展的具体功能。这一具体功能除了传统的审计功能之外,更加强调审计的保证和咨询功能。风险导向内部审计功能主要体现两个方面的作用。

1. 风险管理效应

风险导向内部审计功能的风险管理效应,是指内部审计对审计发现的关键风险,不是简单的被动确认,而是积极主动整合审计资源、发挥作用来调控、驾驭关键风险,实现审计目的。风险管理效应是基于 VBM(Value based on)管理目标,必须进行有效的路径选择。一要科学选择审计战略路径,这是进行风险导向审计的基础和战略手段;二要健全内部审计系统的风险管理组织体系,因为企业治理、组织结构是为风险价值目标服务的,是风险价值目标和战略实施的支持和保障;三要有效运用内部审计技术,进行审计资源平衡管理;四要建立内部审计风险预警与风险报告体系,以便为风险管理提供信息资源;五要完善绩效考评,落实风险价值贡献与风险损失责任制,为风险价值管理提供激励约束的制度保障。

2. 价值创造效应

风险导向内部审计功能的价值创造效应,是指其充分发挥作用而创造审计主体价值、审计客体价值及相关利益者价值最大化的业务及结果。从风险导向内部审计的本质看,首先,内部审计系统利益相关者整体价值最大化,是其价值创造的逻辑起点;其次,该内部审计主导的审计行为活动中各种审计资源的有效整合,是其价值创造的现实物质基础;再次,在这一业务中,审计资源的有效利用形成各种审计能力,这种能力有利于实现审计目标,提升企业价值;最后,内部审计系统的审计决策要适应特定审计环境,驾驭相关审计风险,实现特定审计目标的内部审计资源、能力,完成相关审计任务,这是价值创造的实现过程。

三、风险导向审计模式与系统导向审计模式的比较

风险导向审计模式与系统导向审计模式都是研究和评价内部控制,或以此为导向性目标,或以此为导向性目标的重要考虑对象,因此,二者在审计程序和概念方面有许多相似之处。但二者区别是主要的,主要表现为以下方面:

(一)审计导向性目标不同

系统导向审计以内部控制系统的评价为基础,确定其可信赖程度,并据以确定审计的重点、范围和方法。风险导向审计是以评价内外环境下的审计风险为基础,据以确定审计的重点、范围和方法。风险导向审计涉及固有风险、控制风险、可接受审计风险、检查风险的评估和计算。

(二)研究和评价的对象不同

系统导向审计模式使用的概念是内部控制制度,包括内部会计控制和内部行政控制两个方面,财务审计关注内部会计控制,而管理审计注重评价内部行政控制。风险导向审计模式使用的概念是内部控制结构,1988年的内部控制结构概念由控制环境、会计系统和控制程序三个要素组成,1992年进一步将其分为控制环境、管理部门的风险评价、会计信息与传递系统、控制行为、监督五个要素。风险导向审计模式强调对控制环境和控制风险的评价,评价的范围和重点发生了变化。

(三)审计测试的内容不同

系统导向审计的测试包括符合性测试和实质性测试。而风险导向审计的测试包括了解内部控制结构、控制测试、交易业务的实质性测试、分析性程序、余额详细测试。

(四)审计资源分配的恰当性不同

系统导向审计由于没有进行系统的审计风险分析,容易导致审计资源在审计领域的不恰当分配,进而影响审计工作效率。风险导向审计则不然,由于它从风险分析开始,能够把主要精力放在容易出错的领域,减少了不容易出错领域的工作,从而在保证审计效果的前提下提高审计工作

效率。

(五)分析性程序和重要性的使用不同

系统导向审计模式较少使用分析性程序,一般称之为分析性复核,不涉及重要性概念及评估;风险导向审计广泛采用分析性程序,涉及重要性概念及评估。

(六)对审计单位的影响不同

由于系统导向审计着眼于被审计单位内部控制制度,重点评审单位的内部控制制度和程序,其结果是向被审计单位建议加强内部控制或增加新的内部控制措施,这样年复一年,建议内部控制制度或增加控制点越多,审计人员对被审计单位管理部门提供价值减少,甚至出现多余控制阻碍各项程序正常运转的情况。而风险导向审计由于全面评价企业的风险,以便确定审计风险水平和审查重点,因此,审计建议可以直接针对被审计单位面临的主要问题和风险,从而提高被审计单位管理的绩效,也促使他们有效地预防了风险,客观上给被审计单位增加了价值。

第三节　企业风险导向审计的程序与方法

由于风险导向审计模式和系统导向审计模式在审计的目标和程序上的不同,理解风险导向审计模式下的相关概念,有助于掌握和运用风险导向审计模式的程序和方法。与风险导向审计模式相关的概念包括审计风险模型、重要性、符合性测试、实质性测试等。

一、有关概念

(一)审计风险模型

审计风险模型定义:$AR = IR \times CR \times DR$。其中:AR是指会计报表存在重大错报或漏报,而审计人员审计后发表不恰当审计意见的可能性;IR是指会计报表存在重大错报或漏报,而审计人员审计后发表不恰当审计意见的可能性,无论该错报单独考虑,还是连同其他错报构成重大错报;CR

是指某项认定发生了重大错报,而该错报没有被企业的内部控制及时防止、发现和纠正的可能性;DR是指某一认定存在错报,该错报单独或连同其他错报是重大的,但未能发现这种错报的可能性。

传统审计风险模型是由美国注册会计师协会(AICPA)1983年提出的。该模型(审计风险=固有风险×控制风险×检查风险)可以解决交易类别、账户余额、披露和其他具体认定层次的错报,发现经济交易和事项本身的性质和复杂程度发生的错报,发现企业管理当局由于本身的认知和技术水平造成的错报,以及企业管理当局局部和个别人员舞弊和造假造成的错报,从而将审计风险(此时体现为检查风险)控制在比较满意的水平。但如果存在企业高层串通舞弊、虚构交易,也就是战略和宏观层面的风险,运用该模型便会捉襟见肘了。

现代风险导向审计以被审计单位的战略经营风险分析为导向进行审计,因此又被称为"经营风险审计",或"风险基础战略系统审计"。现代风险导向审计按照战略管理论和系统论,将由于企业的整体经营风险所带来的重大错报风险,作为审计风险的一个重要构成要素进行评估,是评估审计风险观念、范围的扩大与延伸,是传统风险导向审计的继承和发展。在该理论的指导下,国际审计和鉴证准则委员会(IAASB)发布了一系列新的审计风险准则,对审计风险模型重新描述为:审计风险=重大错报风险×检查风险(IAASB,2003)[①]。

(二)重要性

国际审计实务委员会在1987年发布的第25号审计准则规定:"如果信息的遗漏或错报会影响那些依赖财务报表的人作出合理决策,那么这条信息就是重要的。重要性依赖于具体情况下遗漏或错报的项目和金额大小而定。重要性提供的是一个临界点,而不是一条信息。"我国的《独立审计准则第10号——审计重要性》第二条规定:"重要性是指被审计单位会计报表中错报或漏报的严重程度,这一程度在特定情况下可能影响会计报表使用者的判断或决策。"上述定义基本上是一致的,他们是对外部审计人员所进行的财务报告审计而言的。对内部审计人员来说,重要性的概念更为宽泛。一般来说,企业生产经营管理的所有重要方面,以及企业管理当局关

[①]彭斯慧,黄清玉.探索广西内部审计与国家审计融合的研究[J].中国内部审计,2022(4):92-95.

心或提出具体要求的任何方面都具有重要性,而不局限于财务报告所列事项有关内容,例如采购业务、设备的保管和维修等。但是,在具体的审计项目中,重要性的概念具有针对性,通常根据完成审计任务的需要来判断哪些方面具有重要性。无论是外部审计还是内部审计,重要性概念都是一个重要概念,它运用于编制审计方案、执行现场审计和评价审计结果的各个具体工作阶段。

(三)符合性与实质性测试

符合性测试指审计人员在对被审计单位内部控制进行初评的基础上,为证实该控制是否在实际工作中得以贯彻执行,贯彻执行的实际效果是否符合设立该控制的初衷而进行的测试活动。符合性测试是对内部控制的完整性、有效性和实施情况进行的测试。根据预期审计目标确定所收集证据的数量和质量上的标准,符合性测试可通过审计抽样确定测试范围,找出内控弱点,确定内部控制的可靠性。

实质性测试(substantive testing),是指在符合性测试的基础上,为取得直接证据而运用检查、监盘、观察、查询及函证、计算、分析性复核等方法,对被审计单位会计报表的真实性和财务收支的合法性进行审查,以得出审计结论的过程。实质性测试是审计实施阶段最重要的一项工作。实质性测试的目的是为取得审计人员赖以作出审计结论的足够的审计证据。实质性测试通常采用抽样方式进行,其抽样的规模需根据内部控制的评价和符合性测试的结果来确定。

二、风险导向审计的程序

一般程序包括计划阶段、实施阶段和完成阶段。在风险导向审计模式下,审计人员更加重视计划阶段的工作。这一阶段的工作主要体现为审计战略的选择,既注重降低审计风险,又注重节省审计成本。在选择审计战略时,注重在审计效果和审计效率之间选择一个均衡点。风险导向审计的基本审计程序如下:

(一)计划阶段

1.选定被审计单位或被审计事项

对于外部审计组织,这一步主要是决定是否接受或继续某一客户的审计业务,评价客户进行审计的原因,签订业务约定书,选定审计小组成员。对于内部审计组织,这一步主要是对可供审计的单位(或事项)的风险状况或水平进行估价,然后依据估价的结果来选择审计的事项或部门。

2.获得被审计单位和被审计事项的相关资料

审计人员应获得如下资料:与被审计单位有关的法律信息,例如企业章程及制度、董事会及股东大会的会议记录、合同;经营环境,包括所在行业及经济趋势等;经营条件、财务状况及其发展趋势;以前年度接受审计的情况,应查明以前年度审计意见的类型;管理者的品格、处事风格及其变动情况等。

3.实施分析性程序,评估风险并确定审计范围

分析性测试的主要内容包括:分析财务资料各项之间的关系,分析财务资料与非财务资料之间的联系;比较实际资料预测结果或推算结果之间的差异;前后期资料之间的比较,与其他可比行业或企业的资料间的比较,与同行业平均情况的比较;针对差异或变动寻找支持的证据,如没有或缺乏支持的证据,应确定为审计范围。对固有风险的评估,主要依靠初步调查及永久性档案提供的资料和自身经验。具体考虑以下因素:经济业务的性质与复杂程度;相关会计处理的复杂程度;项目余额的大小及其变动;确定该项目金额是否通过估价和判断;以前年度审计发现问题的报表项目固有风险的大小;有关会计、管理人员的素质。

4.了解内部控制结构和初步评估控制风险

对于内控结构的每一个组成部分,审计人员都要进行研究了解。在了解过程中,审计人员应该考虑两个方面:控制结构中各种政策和程序的设计;它们是否正常运作。在充分了解每一部分的控制政策和程序的基础上,审计人员必须作出内部控制结构是否值得依赖或控制风险是否低于最高值的评价,并估计控制风险是什么水平。

5.确定重要性标准,初步评价可接受审计风险和固有风险

根据以上步骤评估得出量化的审计风险,及审计范围内各项目的固有风险和控制风险。利用风险模型(检查风险＝审计风险/固有风险×控制风险),可以计算出审计范围内报表项目的检查风险,确定审计范围内报表项目余额的重要性水平。一般实务中,对会计报表总体重要性的量化可参考

下列指标:税前净利润的5%～10%;总资产的0.5%～1%;所有者权益的1%;总收入的0.5%～1%。将报表总体的重要性水平分配到各报表项目中称为"重要性分配"。进行重要性分配既可根据各项目金额在报表总金额中所占比例分配,也可在此基础上,根据经验判断,考虑该项目余额或发生额的重要程度,发生错误的可能性及严重程度和审计成本的高低,作适当地调增和调减。

6.制订整个审计计划和审计方案

前面五步是为这一步服务的,目的就是使审计人员能够有一份高效的审计计划和审计方案。审计计划是针对审计活动作出的整体安排,而审计方案是针对每一个审计事项如何开展审计而设计的,是审计计划的具体体现。它要列出所有收集审计证据的程序方法及其相应的样本规模、样本项目和测试时间。其中,选择适当的测试方法是制订审计计划和审计方案的关键。一般来讲,测试程序有五种:①了解内部控制结构;②控制测试;③实质性交易测试;④分析性程序;⑤余额的详细测试。前两种测试的目的是降低所评价的控制风险,后三种统称为"实质性测试",是为了降低计划检查风险。

(二)实施阶段

1.实施符合性测试

根据在计划阶段对被审计单位内部控制结构的了解以及对控制风险的初步评价,审计人员在审计实施阶段首先要作出判断,是采用较低控制风险估计水平法还是主要证实法。如果采用较低控制风险估计水平法,审计人员还应进行控制测试,以收集更多的证据支持较低控制风险的判断。如果采用主要证实法,审计人员不打算依赖内部控制结构,可以直接进入实质性测试。控制测试是在对内部控制结构了解的基础上,为了确定内部控制结构政策和程序的设计和执行是否有效而实施的审计程序。目的是通过对内部控制结构的测试,取得审计证据以支持较低控制风险的一种方法。

2.实施实质性测试

实质性交易测试是以交易和业务循环为测试对象,测试交易活动是否经过恰当的审批,交易的确认、计量、记录和报告是否正确。无论控制风险大小,实质性交易测试是必须进行的,控制测试不能代替交易的实质性测试,但是如果内部控制结构是可以信赖的,可以减少实质性测试的范围和数量。

3.实施分析性程序

分析性程序是评价交易和账户余额整体合理性的一种方法。分析性程序在计划阶段和报告阶段是必需的,在审计的实施阶段可以根据情况有选择地使用。因为分析性程序的成本较低,因此只要有必要就可以实施。如在实质性测试阶段予以实施,一般要在余额详细测试之前,以便帮助确定余额测试的范围和强度。

4.实施关键项目和余额的详细测试

对于分析性程序表明可能存在重大误报的项目以及重要的交易和账户,不能进行抽样审计,应逐一进行专门测试。余额详细测试是测试财务报表中的账户余额存在的金额错误和违规行为,一般这一测试要在实质性测试的最后进行。因为它是成本最高的审计方式,而且耗时较多,为了提高审计效率,要尽量减少余额详细测试。

(三)报告阶段

第一,汇总最终证据。汇总最终证据工作包括:审计报告阶段的分析性程序可以帮助审计人员对财务报告的整体合理性作出合理估计;评价可能影响持续经营能力的事项;取得可以明确被审计单位管理责任的书面证明;其他工作。

第二,评价结果。在每一个审计领域完成全部审计程序以后,审计人员必须将全部审计结果综合起来以便形成整体结论。在这一阶段,审计人员必须确定所收集的证据是否足够充分,是否对全部重要方面都进行了审计,都已经做了适当记录,所有的审计目标都得到满足,是否足以形成审计结论,是否需要追加审计证据。

第三,撰写审计报告,提出审计意见和决定。

第四,与审计委员会和管理部门沟通。

为了有效地帮助被审计单位改进经营管理,充分利用审计结果,审计人员应该与有关方面进行适当的沟通。

第一,应将审计中发现的违规和违法行为报告给审计委员会或类似组织,无论这些行为是否严重。

第二,将审计人员认为值得报告的被审计单位内部控制结构中存在的问题通报给审计委员会或高级管理人员。

第三,管理建议信函,与关于内部控制结构的意见不同,这是按照要求必须报告的。

第四,其他按照要求需要向审计委员会报告的方面,如审计人员的责任、使用的重要会计政策、财务报表的重大调整、管理部门与审计人员意见不一致之处、审计中所遇到的困难等。

三、风险导向审计的方法

(一)固有风险分析

固有风险作为风险系统的一个子系统,是难以定量的,但从系统的观念出发,可以通过确认下列事项来界定固有风险的概率。

第一,管理人员的品行和能力。管理人员的变动是否频繁,管理人员遭受异常压力的大小。

第二,被审计单位所在行业的环境因素和业务性质。存在不利环境因素时固有风险增大,如竞争加剧、银根紧缩等;业务越复杂,固有风险越大,反之则越小。如从事衍生金融工具买卖业务的单位,其固有风险增大。

第三,经济业务的性质。表现为容易遭受损失或挪用的资产,如现金、有价证券、存货等实物资产等具有普遍的吸引力,若缺乏有效的内部控制,容易被挪用或发生损失。需要估计和判断的账户余额,如折旧、无形资产和其他长期资产的摊销、资产减值准备等账户余额的确定需要估计和判断,容易发生错误或弊端。

第四,账户余额及总体特征。总体规模越大,账户余额越大,发生错误或不法行为的概率越大;总体容量越大,构成总体的项目越多,且比较复杂,则出现差错的可能性也越大。

第五,上期审计发现的差错项目,在本期是否得到纠正。

第六,注意各种易于发生错误或弊端的事项。主要有会计处理中易于混淆的项目,资本支出,易于粉饰被审单位财务状况的项目,易于偷税、漏税的项目,异常交易事项,临近会计期末的异常及复杂交易或事项。

第七,需要利用专家工作结果予以佐证的重要交易或事项的复杂程度。

综合评估上述因素后,即可大致确定固有风险的比率。一般地,如果经过因素分析,反映重要差错存在的可能性较小,可把固有风险定为50%(持稳健态度);反之,当确认存在重要差错的可能性较高时,可把固有风险比率定为100%。固有风险的变动区间是50%~100%。

根据企业风险管理框架(COSO ERM)对风险评估的释义,风险评估的理论模型可用下列公式表示:

$$固有风险＝风险发生可能性×风险影响程度$$

$$剩余风险＝固有风险－控制有效性$$

其中,剩余风险是指管理层采取了相应的内部控制和风险应对措施的情况下企业仍旧面临的风险。

(二)控制风险分析

控制风险,是指内部控制结构未能及时防止、发现并纠正经济业务中的某些错误或不法行为,以致使财务会计报告失真的可能性。控制风险水平的大小受两个方面因素的制约:一方面是内部控制结构设计的风险。如果内部控制结构设计不科学、不健全,则即使企业经过控制测试后展示良好的符合率,也不能保证实现良性控制,如果审计人员对被审计单位的内部控制结构给予充分依赖,就可能承担控制风险。另一方面是内部控制结构运行的风险。一个完善的内部控制结构,是由组织中的人来执行的,这中间出现差错的可能性总是存在的。

控制风险水平的评估程序如下:

第一,初步评估控制风险水平。该步骤通常在审计计划阶段进行,审计人员在了解被审计单位的内部控制之后,对内部控制防止、发现并纠正重要错报或漏报的有效性过程作出初步判断。进行初步评估时,审计人员应遵守稳健性原则,宁可高估控制风险,不可低估控制风险。

第二,开展控制测试。该步骤是外勤阶段的工作,它可以分为额外控制测试和计划控制测试。额外控制测试是对不予信赖的内部控制,为了进一步降低审计人员对控制风险的估计水平而进行的测试。审计人员应从成本效益的原则出发决定是否开展这种测试。计划控制测试是针对初步评估之后准备予以信赖的内部控制进行的测试,主要是为了支持审计人员在初步评估阶段所认定的中等或低水平。

第三,进行实质性测试,最终评估控制风险。在审计报告阶段,审计人员应根据实质性测试的结果和其他审计证据,对控制风险进行最终评估,检查控制风险的初步评估水平是否恰当,如果实质性测试的结果表明控制风险水平高于控制风险的初步评估水平,可能意味着依据初步评估风险水平设计的实质性测试程序不能将检查风险降低至可接受水平,此时,审计人员应考虑实施追加的实质性测试。

另外,评估控制风险除考虑内部控制结构,还应考虑经济业务对错误或不法行为的敏感性。敏感性高的经济业务,控制风险会增高,反之则低。即:经济业务的敏感度越高,控制风险值也越大,则被审计单位内部控制制度的可信性就越低;经济业务的敏感度越高,符合性测试的满意度越低,则被审计单位的内部控制制度就缺乏可信性;经济业务的敏感度越高,而通过对内部控制制度研究发现,被审计单位的内部控制制度不属"良性",则这种内部控制制度就缺乏可靠性。经济业务的敏感度与控制风险的关系,实质上反映了固有风险和控制风险的关系。

（三）检查风险的确定

审计风险模型是:审计风险 = 固有风险×控制风险×检查风险。

由上述模型可知,审计风险三要素之间存在着密切关系。固有风险、控制风险的综合水平,决定着审计人员可接受的检查风险水平,评估的固有风险与控制风险综合水平越高,审计人员可接受的检查风险水平也越低,反之亦然。因此,由于控制风险与固有风险相互联系,审计人员应当对固有风险与控制风险进行综合评估并据以作为检查风险的评估基础。固有风险与控制风险的评估对检查风险有直接影响,固有风险的水平越高,审计人员就应实施越详细的实质性测试,并着重考虑其性质;反之,则应进行有限的实质性测试。

不论固有风险和控制风险的评估结果如何,审计人员都应当对各重要账户或交易类别进行实质性测试。然而,审计人员实施的实质性测试,其性质、时间和范围的确定,最终取决于根据固有风险和控制风险的综合水平所确定的可接受的检查风险。

第四节 企业内部审计对风险的分析与识别

内部审计应当针对已识别的风险因素,从风险发生的可能性和影响程度两个方面进行分析。应当根据实际情况,针对不同的风险类别确定科学合理的定性、定量分析标准。内部审计可以采用多种操作方法,包括基于知识的分析方法、基于模型的分析方法、财务风险预警分析方法等,无论何种方法,共同的目标都是找出企业信息资产面临的风险及其影响,以及目前安全水平与企业安全需求之间的差距。

一、基于知识的分析方法

在基线风险评估时,内部审计可以采用基于知识的分析方法来找出目前的安全状况和基线安全标准之间的差距。这种分析方法又称作"经验方法"。采用基于知识的分析方法,企业不需要付出很多精力、时间和资源,只要通过多种途径采集相关信息,识别企业的风险所在和当前的安全措施,与特定的标准或最佳惯例进行比较,从中找出不符合的地方,并按照标准或最佳惯例的推荐选择安全措施,最终达到消减和控制风险的目的[①]。

基于知识的分析方法,最重要的还在于评估信息的采集,信息源包括:①会议讨论;②对当前的信息安全策略和相关文档进行复查;③制作问卷,进行调查;④对相关人员进行访谈;⑤进行实地考察。

二、基于模型的分析方法

2001年1月,由希腊、德国、英国、挪威等国的商业企业共同开发了CORAS项目,即 Platform for Risk Analysis of Security Criti-cal systems。该项目的目的是开发一个基于面向对象建模,特别是 UML 技术的风险评估框架,它的评估对象是对安全要求很高的一般性系统,特别是 IT 系统的安全。CORAS考虑到技术、人员以及所有与企业安全相关的方面,通过 CORAS 风险评估,企业可以定义、获取并维护 IT 系统的保密性、完整性、可用性、抗抵赖性、可追溯性、真实性和可靠性。

---

①秦荣生.现代内部审计学[M].2版.上海:立信会计出版社,2019:24-25.

CORAS风险评估沿用了识别风险、分析风险、评价并处理风险这样的过程,所有的分析过程都是基于面向对象的模型来进行的。CORAS的优点在于:提高了对安全相关特性描述的精确性,改善了分析结果的质量;图形化的建模机制便于沟通,减少了理解上的偏差;加强了不同评估方法相互操作的效率等。

三、财务风险预警分析方法

由于企业的众多经营活动及其影响结果都会体现在有关的财务指标上,企业的经营失败最终也将体现为企业的财务失败,因此,对企业风险的预警分析大多数情况下可以通过财务预警分析来进行。企业的财务预警分析主要有两种模式:一种是单变量分析模式;另一种是多变量分析模式。

(一)单变量分析模式

单变量分析模式是通过个别财务指标来预测风险,一般使用的财务指标包括债务保障率、资产收益率、资产负债率等。按照单变量分析模式的解释,企业发生财务失败是由长期因素而非短期因素造成的,因此,可以长期跟踪这些比率,注意用这些比率的变化来预测企业的财务危机。

(二)多变量分析模式

多变量分析模式是通过多种财务指标的综合分析来预测风险,往往是通过建立多元函数关系或确定加权平均的权重比率及分值来预测企业的风险,其中比较具代表性的是美国学者奥特曼于1968年提出的Z记分法。

Z记分法的基本操作如下:首先从企业财务报告中计算出一组能够反映企业财务危机程度的财务比率,然后根据这些比率对企业财务危机警示作用的大小给予不同的权重,最后进行加权平均计算得到一个企业的综合风险总判别分值Z,通过将该分值与临界位进行对比就可以判断企业财务危机的严重程度。经过奥特曼的不断分析比较,建立了如下函数模型:

$$Z = 1.2X_1 + 1.4X_2 + 3.3X_3 + 0.6X_4 + 1.0X_5$$

式中:X_1 为营运资金 / 总资产,该数值越大,说明企业的流动性越强;X_2 为留存收益 / 总资产,反映企业在一定时期内留存收益进行再投资的比例,该数值越大,说明企业筹资和再投资功能越强,企业创新和竞争力越强;X_3 为息税前利润 / 总资产,反映企业不考虑税收和财务杠杆因素时企业资产的盈利能力,该数值越大,说明企业在不考虑税收和财务杠杆因素的情况下,企业资产的盈利能力越强;X_4为资本市值／债务账面价值,反映投资者对企业前景的判断,该数值越大,说明企业越有投资价值(在成熟的资本市场中,该指标尤其具有说服力);X_5为销售额／总资产,反映企业资产获取销售收入的能力。

四、风险分析常用工具

(一)调查问卷

内部审计通过问卷形式对组织信息安全的各个方面进行调查,对问卷解答可以进行手工分析,也可以将其输入自动化评估工具进行分析。从问卷调查中,评估者能够了解到组织的关键业务、关键资产、主要威胁、管理上的缺陷、采用的控制措施和安全策略的执行情况。

(二)检查列表

检查列表通常是基于特定标准或基线建立的,对特定系统进行审查的项目条款。通过检查列表,操作者可以快速定位系统目前的安全状况与基线要求之间的差距。

(三)人员访谈

风险分析评估者通过与组织内关键人员的访谈,可以了解到组织的安全意识、业务操作、管理程序等重要信息。

(四)漏洞扫描器

漏洞扫描器(包括基于网络探测和基于主机审计)可以对信息系统存在的技术性漏洞(弱点)进行评估。许多扫描器都会列出已发现漏洞的严重性和被利用的容易程度。典型工具有 Nessus、IsS、CyberCop Scanner 等。

(五)渗透测试

这是一种模拟黑客行为的漏洞探测活动,它不但要扫描目标系统的漏洞,还会通过利用漏洞来测试威胁的影响。

五、风险分析与评估的流程

风险分析与评估是组织确定信息安全需求的过程,包括资产识别与评价、威胁和弱点评估、控制措施评估、风险认定在内的一系列活动。

（一）计划和准备

组织在正式进行风险评估之前，应该制订一个有效的风险评估计划，明确风险评估的目标，限定评估的范围，建立相关的组织结构并委派责任，并采取有效措施来采集风险评估所需的信息和数据。具体来说，风险评估计划应该包括以下内容：

第一，目标。包括开展风险评估活动的目的、期望得到的输出结果、关键的约束条件（时间、成本、技术、策略、资源等）。

第二，范围和边界。既定的风险评估可能只针对组织全部资产（包括其弱点、威胁事件和威胁源等）的一个子集，评估范围必须首先明确。例如，研究范围也许只是确定某项特定资产的风险，或者与一种新型攻击或威胁源相关的风险。

第三，系统描述。进行风险评估的一个先决条件就是对受评估系统的需求、操作概念和系统资产特性有一个清晰的认识，必须识别评估边界内所有的系统。

第四，角色和责任。组织应该成立一个专门的风险评估小组，小组应该包括具有安全评估经验和熟悉组织运作情况的成员，还应该包括管理层、业务部门、人力资源、IT系统和来自用户的代表，如果需要，还应该聘请外部的风险评估专家来参与项目。

第五，风险评估行动计划。即确定风险评估的途径和方法，计划评估步骤。

第六，风险接受标准。即事先明确组织能够接受的风险的水平或者等级。

第七，风险评估适用表格。即为风险评估过程拟订标准化的表格、模板、问卷等材料。

通过以上途径采集的信息，可以供风险评估各个阶段的活动分析使用，包括资产识别与评价、威胁评估、弱点评估等。

（二）分析并评价资产

通过准备阶段采集到的信息，组织应该能够列出一份与信息安全相关的资产清单。在识别资产时一定要防止遗漏，划入风险评估范围和边界内的每一项资产都应该被确认和评估。

实际操作时,组织可以根据商务流程来识别信息资产。例如,如果安全目标是保护一项订单处理业务的安全性,列入风险分析资产清单中的,就应该包括所有与订单处理流程相关的系统、网络和组件。信息资产的存在形式有多种,可以是物理的(如机房建筑和设施、计算机设备等),可以是逻辑的(如存储和传输中的数据、应用程序、系统服务等),也可以是无形的(如组织的公众形象和信誉等)。进行信息资产识别时,应该考虑到以下方面:

第一,数据与文档。包括数据库和数据文件、系统文件、用户手册、培训资料、运作和支持程序、应急计划等。

第二,书面文件。包括合同、策略方针、企业文件、保持重要商业结果的文件。

第三,软件资产。包括应用软件、系统软件、开发工具和公用程序等。

第四,实物资产。包括计算机和通信设备、磁介质(磁带和磁盘)、其他的技术性设备(电源、空调)、家具、场所。

第五,人员。即承担特定职能责任的人员。

第六,服务。包括计算和通信服务、其他技术性服务(供热、照明、动力等)。

第七,组织形象与声誉。这是一种无形资产。

需要注意的是,列入评估清单的信息资产,一定是在评估范围内且与商务过程相关的资产。否则,一方面,清单过于庞大不便分析;另一方面,分析结果也会失去准确性和本应有的意义。得到完整的信息资产清单之后,组织应该对每项(类)资产进行赋值。按照定量分析的思想,确定资产的货币价值,但这个价值并不只是简单的账面价格,而是相对价值。

在确定资产重要性或敏感度时,要同时考虑资产在保密性、完整性和可用性这三个方面受损可能引发的后果。此外,对于数据与文档类的信息资产,组织的信息分类模式(在信息安全策略中应该有所表述,例如"公开""机密""秘密""绝密")可在资产评价时参考采用。

(三)分析并评估威胁

识别并评价资产之后,组织应该识别每项(类)资产可能面临的威胁。

识别威胁时,应该根据资产目前所处的环境条件和以前的记录情况来判断。需要注意的是,一项资产可能面临多个威胁,而一个威胁也可能对不同的资产造成影响。识别威胁的关键在于确认引发威胁的人或事物,即所谓的威胁源或威胁代理。威胁源可能是主观也可能是客观因素,通常包括人、系统、环境和自然等类型。

第一,人员威胁。包括故意破坏(网络攻击、恶意代码传播、邮件炸弹、非授权访问等)和无意失误(比如误操作、维护错误)。

第二,系统威胁。系统、网络或服务的故障(软件故障、硬件故障、介质老化等)。

第三,环境威胁。如电源故障、污染、液体泄漏、火灾等。

第四,自然威胁。如洪水、地震、台风、滑坡、雷电等。

识别资产面临的威胁后,还应该评估威胁发生的可能性。组织应该根据经验或者相关的统计数据来判断威胁发生的频率或概率。就威胁本身来说,评估威胁可能性时有两个关键因素需要考虑:一个是威胁源的动机(利益驱使、报复心理、玩笑等);另一个是威胁源的能力(包括其技能、环境、机会等)。这两个因素决定了不带外部条件时威胁发生的可能性(这里没有考虑弱点被利用的容易程度和现有控制的效力等外部条件),是威胁发生的内因。通常来讲,威胁源的能力和动机可以用"高""中""低"三个等级来衡量。

(四)分析并评估弱点

光有威胁还构不成风险,威胁只有利用了特定的弱点才可能对资产造成影响,所以,组织应该针对每一项需要保护的信息资产,找到可被威胁利用的弱点。常见的弱点有三类。

第一,技术性弱点。即系统、程序、设备中存在的漏洞或缺陷,比如结构设计问题和编程漏洞。

第二,操作性弱点。即软件和系统在配置、操作、使用中的缺陷,包括人员日常工作中的不良习惯、审计或备份的缺乏等。

第三,管理性弱点。包括策略、程序、规章制度、人员意识、组织结构等方面的不足。

识别弱点的途径有很多,包括各种审计报告、事件报告、安全复查报告、系统测试及评估报告等,还可以利用专业机构发布的列表信息。当然,许多技术性和操作性弱点,可以借助自动化的漏洞扫描工具和渗透测试等方法来识别和评估。评估弱点时需要考虑两个因素:一个是弱点的严重程度;另一个是弱点的暴露程度,即被利用的容易程度。当然,这两个因素也可以用"高""中""低"三个等级来衡量。

需要注意的是,弱点是威胁发生的直接条件,如果资产没有弱点或者弱点很轻微,威胁源就很难利用其损害资产,哪怕它的能力再高或动机再强烈。

(五)分析并评估现有的安全措施

识别已有的(或已计划的)安全控制措施,分析安全措施的效力,确定威胁利用弱点的实际可能性,一方面可以指出当前安全措施的不足,另一方面也可以避免重复投资。

安全措施(即控制)的分类方式有多种,按目标和针对性可以分为:

第一,管理性措施。是指对系统的开发、维护和使用实施管理的措施,包括安全策略、程序管理、风险管理、安全保障、系统生命周期管理等。

第二,操作性措施。是指用来保护系统和应用操作的流程和机制,包括人员职责、应急响应、事件处理、意识培训、系统支持和操作、物理和环境安全等。

第三,技术性措施。包括身份识别与认证、逻辑访问控制、日志审计、加密等。通过相关文档的复查、人员面谈、现场勘查、清单检查等途径就可以识别现有的安全措施。对已识别的安全控制措施,应该评估其效力,这可以通过复查控制的日志记录、结果报告以及技术性测试等途径来进行。控制的效力一般也可以用"高""中""低"三个等级来表述。

(六)评估风险

在评估了构成风险的四要素(资产、威胁、弱点和安全措施)后,组织所存在的风险就可以显现了。描述风险可以借助场景叙述的方式来进行。所谓场景,就是威胁事件可能发生的情况,比如由于信息的加密强度不高(弱点,控制的效力低),企业内部职员(威胁)有可能利用这一点而窃取保密的客户信息(资产)。对威胁场景进行描述的目的是要评估风险,确定风险等级,也就是度量并评价组织信息安全管理范围内每一项信息资产遭受泄漏、修改、破坏造成不利影响的风险水平,这样组织就可以有重点有先后地选择应对措施,并最终消减风险。评价风险有两个关键因素:一个是威胁对信息资产造成的影响,另一个是威胁发生的可能性。前者通过资产识别与评价已经得到了确认(即资产受影响的敏感度),而后者还需要根据威胁评估、弱点评估、现有控制的评估来进行认定。威胁事件发生的可能性需要结合威胁源的内因(动机和能力)、弱点和控制这两个外因来综合评价。评估者可以通过经验分析或者定性分析的方法来确定每种威胁事件发生的可能性,通常来说,组织对于高风险和严重风险是不可接受的,必然要选择并实施相应的对策来消减这种风险。对于中等风险和低风险,组织可以选择接受。

综上所述,在风险导向模式下,内部审计应深入了解企业生产经营全过程,对企业在实现战略目标、经营目标、报告目标和合规目标中面临的风险进行全面系统的分析评估,并按风险大小选择审计项目,确定审计目标、范围和方法,从而把审计资源配置到风险最高领域,使有限资源发挥最大效用,创造最大价值。

第七章　风险控制视角下企业内部审计垂直管理模式

第一节　垂直管理模式概述

一、垂直管理的定义

垂直管理模式在我国政府部门管理中有着广泛的应用,它是政府进行管理的"润滑油",也是"黏合剂"。我国政府之间的关系,也称为"府际关系",包括中央政府与地方政府之间的关系、地方政府之间的关系、政府各职能部门之间的关系。只有搞懂我国政府管理的特有的条块关系这种特殊管理模式,才能真正意义上理解什么是垂直管理以及垂直管理的意义。

条块关系是一种纵向关系和横向关系,不同级别的纵向关系是由于我国政府部门间的关系实行层级制导致的,同理,不同分工的横向关系是由于我国政府部门间实行职能制导致的。利用层级化的手段将行政区域分割成块,再利用部门化的方式将块分割成条,因此形成条块结合的政府管理体系。用纵向的视角来看我国行政组织框架,把在各级政府中具有相同职责的部门联系起来,这种关系就是"条",而"块"是从横向视角来看同一个政府,在这个政府中具有不同职责的部门之间的关系就是"块",因此条块关系是我国政府部门间管理运行中从组织结构来说特有的一种政府部门之间的关系。在我国的条块关系主要分为业务指导关系和垂直领导关系两大类①。

二、垂直管理的分类

从中华人民共和国成立到改革开放初期,我国并没有实行垂直管理体

①区逊.房地产企业财务内部控制存在的问题及对策[J].财会学习,2022(10):155-157.

制。在计划经济这种特殊的背景下,中央政府的权力高度集中,具有绝对的话语权。从1978年开始实行改革开放,我国社会经济高速发展,逐步由计划经济转为市场经济,至此,地方政府开始拥有因地制宜制定符合本地经济政策的权利,为了能够使中央政府依旧掌控并监督地方政府,中央政府开始在部门之中实行并运用垂直管理体制。1990年之后,垂直管理体制自身的优越性使得越来越多的政府部门开始不断将这种模式运用于本部门的行政管理,甚至不同的政府部门会采用不同的方式和手段运用于具体的工作实际。我国实行的垂直管理体制主要有两种划分方式,分别是根据领导层级划分和根据权限范围划分。

三、我国推行垂直管理的优势

垂直管理体制可以加强中央集权,并且已经越来越多地运用于我国政府部门的管理。它主要具有两个方面的优势。

第一,自改革开放以来,我国社会经济由计划经济转为市场经济,地方政府的权利开始逐步变大,可以结合本地区的优势来进行社会经济的引导。从某种意义上来说,垂直管理体制有着某种天然的优势,它可以使得实行垂直管理的部门成为一个独立的管理系统,不仅可以避免地方政府对部门行政的不当干预,还可以提高工作效率。比如我国统计部门就是其中一个典型代表。在对地方政府和官员的政绩进行考核的时候,往往会将统计数据纳入参考范围,因此地方政府会经常插手干预统计数据。自统计部门实行垂直管理后,地方政府干扰统计部门的现象大大减少,使得数据能够较为真实地反映基层情况,提高了数据的真实、有效性,促进政府决策的科学性与正确性。

第二,实行垂直管理体制可以改变原来的部门隶属关系,由同级地方政府管理变为了上级领导层直接管理,换句话说管理模式由之前的横向管理变成了纵向管理,这种管理模式的改变也为行政部门的日常工作带来了变化,使得同一业务可以由部门内部直接组织领导,改变了原来的层层汇报的模式,增强了部门内部的管理与协调,使得工作问题能够迅速解决,提高了工作效率,有效地节约了办公资源。

垂直管理体制的政治优势。由于目前我国地方政府大多从自身利益出发,甚至出现了不当的地方保护主义现象,推行垂直管理体制可以大大减少此类现象的发生。自质检系统实行垂直管理后,中央为减少此类现象的发生,加强了地方的质量标准的监察,营造了良好的社会经济秩序。

第二节　垂直审计管理模式对内部审计影响探析

一、现有内部审计管理模式及其存在的主要问题

(一)我国内部审计管理的主要模式

现阶段,按照《中华人民共和国公司法》的相关要求,我国大部分集团公司都已经建立健全了规范的公司治理组织机构,设置了包括董事会、股东大会、监事会以及各类专业委员会等在内的管理机构,经过多年的发展历程,内部审计主要形成五种内部审计管理模式:隶属于财会部门、隶属于总经理、隶属于监事会、隶属于董事会、隶属于审计委员会。这五种内部审计管理模式中,内部审计的独立性、权威性和监督效果方面各有不同,具有其自身特点和优劣势。现实操作中,各公司都分别根据公司经营地域环境特点、主营业务性质、公司自身治理架构的特点、公司的股权结构和融资渠道、所处的经济和社会环境等具体实际情况,对照各审计组织模式自身的利弊,以选择符合本公司自身实际的内部审计模式(见表7-1)。

表7-1　各公司内部审计管理模式

内部审计管理模式	审计独立性和权威性	内部审计的监督效果
隶属于财会部门	较差	内审机构仅开展部分日常性的审计工作,无法直接为经营管理层和决策者服务,不能有效地实现审计的根本目的

内部审计管理模式	审计独立性和权威性	内部审计的监督效果
隶属于总经理	稍差	虽然有利于对基础生产经营管理活动进行审计,不能对公司高层次的管理和决策以及经济行为进行监督,审计范围相对窄小,审计工作受到一定的制约
隶属于监事会	较高	内部审计机构在监事会下,实际上会将二者的工作混淆,或者顾此失彼从而减弱二者应有的作用
隶属于董事会	很高	缺点为董事会是集体讨论制,凡事都通过董事会集体讨论决定,正常的审计工作效率会受到影响
隶属于董事会下的审计委员会,在行政系统—经营管理系统设置审计机构	最高	有利于审计人员独立开展内部审计工作

(二)现有内部审计管理模式存在的主要问题

1.内部审计的组织地位较低,内部审计环境欠佳

内部审计地位高低的主要判断标准有:内部审计组织机构设置的层级、内部审计职责范畴、审计机构和人员的发展以及地位。目前,我国内部审计缺乏明确的制衡机制,存在较严重的以领导人员意愿进行治理的现象。我国内部审计机构组织地位处于较高的情况并不多,其直接归企业管理层或董事会领导的较少,很多情况是纪委书记或其他副总裁代管。虽然存在由最高管理层直接管理的情况,但实际管理中仍由副总进行管理。部分企业内部审计机构职权范围较窄,内部审计机构在开展审计工作和调查时并不能得心应手,而是只能对财务资料进行核实,企业职员对内部审计未建立起充分的信任感和认同感。在这样的环境下开展内部审计工作,严

重影响和制约了内部审计工作的开展①。

2.内部审计职能不健全,咨询功能尚未发挥

目前,我国开展的内部审计项目种类虽然繁多,主要有财务收支审计、基建项目审计、经济责任审计、内部审计等审计项目类型,但这些审计项目并不是全面审计,内部审计服务职能仍停留在对财务数据和业务数据的确认和核查阶段,尚未开展战略咨询或风险评估等服务职能。而内部审计的传统评价和审核财务数据的工作也未固化,尚未形成科学规范的操作,因此审计人员无法准确和客观地评价组织治理、内部控制和风险管理过程中的履职情况。

3.审计技术落后,制约内部审计效率效果

我国内部审计的审计信息化程度远远落后于计算机技术发展的速度,审计人员从事的审计项目还是传统的审计项目,并习惯性地采用传统的管理技术作为评价指标,对量化标准和现代科学的审计手段涉猎较少;部分企业的内部审计人员素质水平参差不齐,内部审计人员结构单一,大多数审计人员专业多为财务方面,业务知识掌握有限且更新慢。

二、垂直管理模式在企业内部审计中的应用

(一)企业简介及原有审计管理模式

中远集团成立于1998年,为国有控股上市公司,是专门从事集装箱运输的公司,在全球范围内共拥有超过400个境内境外销售和服务网点。随着中远集团跨国经营、跨地区经营的不断深入,业务规模不断扩大,子公司等分支机构越来越多,公司经营管理面临大量的经营风险和管理风险。中远集团原内部审计管理模式是在董事会下设置审计委员会,并直接负责管理公司总部的审计部,由董事长负责审计工作的管理,纪委书记分管审计工作,总部审计的主要负责人由董事会直接任命,内部审计机构在董事会领导下开展审计工作。

中远集团所属子公司与本部的审计机构的架构组成相同,但由各公司总经理直接领导,管理上由纪委书记负责。中远集团本部审计部负责公司整体内部审计的日常管理和指导,其直接向公司纪委书记负责报告,中远

---

①师晓玲.物流企业财务风险的分析与防范[J].现代商业,2022(10):186-188.

集团董事长为内部审计部门的直接领导。中远集团原有的内部审计管理模式为传统的属地化管理模式,各审计机构隶属各分公司,该内部审计管理模式在管理体制、运作机制、服务功能等方面存在诸多不足与缺陷,造成审计效果不理想,在很大程度上制约了审计的发展和效果发挥。

(二)中远集团垂直审计管理模式的实施

1.垂直审计管理模式的内涵

垂直审计管理模式即中远集团董事会下设立审计委员会,其负责对总部审计职能部门管理和指挥,董事长为主要负责人,同时董事会负责总部审计部的主要负责人的聘任和考核,保障了审计机构可以独立客观地开展审计工作。垂直内部审计的核心与关键,是对原有属地化审计管理模式进行改革,对系统内的内部审计监督机构和审计人员进行有效整合。按照现代公司管理的需要和中远集团"缩短审计监督链条,提高审计监督的效果,确保出资人审计监督到位"的审计改革要求,扩大了中远集团审计部的编制与职能,把专职审计监督人员集中到中远集团,由公司纪委统一配置审计监督力量,对公司各级审计监督和立案案件查处实行垂直监督,审计监督部在本部的基础上,设立华南、华北两个审计监督分部,以派驻形式履行监督职能。中远集团垂直审计模式从内部审计目标、内部审计职能、内部审计机构设置、内部审计工作程序四个方面进行优化,力求达到高绩效审计的最终目的。

2.垂直审计管理模式审计目标

第一,统一审计目标。中远集团垂直审计管理模式考虑本公司全球营运且分公司较为分散的特征,实行比较集中的管理模式。将内部审计力量集中至总部,统一内部审计目标要求,将审计目标统一为追求组织管理和效益水平的提高,为中远集团的价值增值提供更多的服务。

第二,统一审计计划安排。中远集团希望通过垂直内部审计的管理模式,统一公司年度内部审计项目计划安排,合理配置内部审计资源,提高审计工作的效率。管理层的监督,改变了原下属公司审计部由下属公司总经理直管的局限,内部审计机构的领导权控制在中远集团本部董事会的审计委员会,而下属公司的组织架构取消内部审计的设置。这样使得内部审计机构的工作目标和要求直接明了,同时,这样的机构设置为内部审计工作开展提供强有力的支持。

第三,保证审计独立性。中远集团的垂直内部审计模式中,内部审计工作由中远集团董事会下的审计委员会管理和领导,这样操作无形中提高了企业内部审计在企业的威望和地位,内部审计的权力和职责范畴得到了提高。内部审计拥有对企业管理层开展经济责任履行情况进行审计的可能,拥有审计权力的同时承担相应的义务和责任,董事会或审计委员会负责对企业内部审计开展管理和考核,董事会下达年度内部审计机构的任务要求。以此解决了内部审计在原模式下面临的考核牵制,能够更加客观公正地披露各企业存在的管理缺陷和问题。

(三)垂直审计管理模式的优势

通过对中远集团实行的垂直监督组织模式进行SWOT分析,结论为实行垂直审计管理模式的优势和机会大于劣势,在审计机构管理、审计计划统一安排、审计业绩考核、审计预算管理等方面,垂直监督组织模式具有独特的优势。

第一,审计的独立性增强。内部审计的复杂性以及广泛性,要求审计作业环境要充分适应审计工作需要。实行垂直审计管理模式前,审计部门为下属被审计企业的内部机构,行政以及经济上受被审计单位管辖,其独立性较差。垂直审计管理模式实现了审计组织结构的独立性,将全系统的内部审计从人员到业务全部划归企业总部直接管理,这样既减少了内部审计的管理层级,又整合了审计资源,实现资源统一调配,审计环境进一步优化,各层级内部审计机构在行政隶属关系上独立于所在单位或部门,内部审计人员薪酬由总部直接支付。

行政隶属关系和利益关系的独立性,使得内部审计机构独立性和权威性得以保障,能够客观地评价经营管理和内部控制存在的问题。垂直审计管理模式保证了审计人员的专职性,不参与被审计单位经营管理,为内部审计顺利有效开展提供良好条件。垂直审计管理模式下的内部审计,其审计立场以及评价标准上升到母公司的角度,对内部审计工作有正确的定位,从全局角度出发,反映企业的整体需求,对被审计单位发展方向以及经营方针的把握会更加清晰。既满足了对被审计企业业务状况的熟悉了解,又提高了审计高度,而且审计人员与被审计企业摆脱了较为尴尬的附属状态,改为从母公司的利益出发,以审计事实为依据,内部审计比较全面、客观、独立地进行评价。

第二,内部审计的计划性加强。垂直审计管理模式下,中远集团实现了统一调配内审资源,内审队伍专业结构也更趋合理,年初由集团企业通过分析企业审计环境、制定审计目标,确定全集团企业的审计要点设计与审计方案,并编制具体的年度审计计划,统一审计思路和计划安排。在保证内部审计覆盖面的同时,审计力量的集中统一分配调度既避免了不同审计小组重复审计的现象,又避免了出现审计盲区,增加协同作战的可能性。审计工作以年初制定的计划内审计项目为主,以临时变动的计划外审计项目为辅,既保证审计工作的计划性,又可以保证临时离任委托等项目的及时完成。

第三,审计成果的作用发挥充分。首先,项目审计过程中有效提高审计工作质量,做到查深、查透、查细,努力发现审计案件线索,不断提升审计成果质量。同时,审计人员根据现场审计查出的问题,进行全面综合的数据分析,并将分散的审计问题进行集中和加工,把带普遍性的、屡查屡犯的或性质严重的问题总结和提炼,进一步分析并查找出这些共性问题产生的根源,提出可操作的建设性审计意见。其次,通过审计报告、审计处理决定、审计要情简报等方式充分共享和传递审计成果。在审计处理阶段,严肃处理各种违纪违法行为,使审计成果作用发挥最大化。最后,进一步加强审计整改工作,在项目开展过程中通过开展跟踪审计,督促被审计企业整改审计查出的各类问题,审计提出意见建议以红头文件下发并限期整改,并由各子公司纪检部门定期跟踪反馈,保证审计意见建议的落实。

第四,有效利用计算机审计系统开展审计。中远集团在航运企业信息化的背景下,为适应企业现代监管需要,应对集团企业经营管理不断出现的新问题、新趋势和新技术,通过自主研发和积极应用审计分析 OLAS 系统,实现远程监控的非现场审计,利用计算机联网审计方法开展审计,通过构建风险预警指标体系,可以通过计算机联网审计系统预先监测下属企业经济活动在财务或业务上反应结果的异常,从而使抽样从随机抽样向风险抽样转变,实现事后审计监督到事前审计监督。

（四）垂直审计管理模式实施效果及评价

1. 基于平衡计分卡的评价体系构建

确定内部审计的战略目标。根据国际内审协会对内部审计的新定义，内部审计目标由传统的查错纠弊阶段发展到为组织增加价值、改善企业运营的新阶段。

目标分解及指标设计。确定项目总体目标后，内部审计部门应将总体目标分解成各自的分目标，并设计各维度的具体指标。中远集团内部审计部门确立"实行垂直审计管理模式，推进增值型内部审计"的战略目标，并设计了一系列评价指标（见表7-2）。

表7-2　平衡计分卡指标设计表

维度	评价指标
财务	开展应收账款、项目后评估、资金管理等专项审计，降低资金成本
	加强对广义管理费用的预算管理，促使各单位关注成本费用管控
	开展船舶租赁、燃油成本、中转成本控制等各项审计，降低主管业务成本
客户	结合企业战略，将管理层指示精神融入全年工作任务部署
	与被审计单位保持密切沟通，及时征求其对审计计划和审计报告的意见
	内审人员在现场审计中规范言行，建设融洽的工作关系
内部经营	制定垂直审计质量管理文件和体系，规范部门管理和垂直审计工作
	进行审计项目标准化研究，编发项目实施标准化资料
	编写远程审计操作规范，利用OLAS系统开展远程审计，提高审计效率
	编写优秀审计报告汇编，总结审计经验
	提高审计工作计划性，严格控制工作进度，把握好全年工作进度
创新与学习	完善内审人员考核制度，下发《垂直审计人员考核办法》
	垂直审计人员执行半年一次的项目考评和全员考核工作
	组建垂直审计兼职人才队伍，科学配置审计组人员的专业结构
	加强审计核心团队的锻造工作，培养一批合格的审计项目经理
	开展系统内部审计人员定期交流工作，配齐配强专职审计人员

确定指标权重。采用主观赋权法确定各指标权重,选取权重值,确定各维度指标权重,依据预期效益高低和实行难易程度,最终确定权重分配。

汇总计算评分。收集评分的主要方法包括:检查审计档案,以考察审计工作底稿、审计日记、会议记录和审计报告的清晰完整性;利用管理层在正式会议或小型面谈中的评价或向其发放调查问卷,以评估管理层对内审部门的满意程度;向被审计单位发放调查问卷、开展审后调查,要求其对审计质量和内审人员表现进行反馈。获取相应指标的评价结果后,内审部门可将实际值与标准值进行比较,运用一定的换算标准,对评价结果进行计算,得出相关指标的评价分数,之后依据权重进行加权计算,汇总后得出最后得分。

2.垂直审计管理模式评价结果

中远集团实施垂直审计管理模式基于平衡计分卡的最终得分为89.24分,优于原审计模式得分(70.89分)。

第一,从财务维度而言,垂直模式相对于原模式,审计人员在减少浪费支出和增加收入项目方面提高明显。这是由于内部审计人员统一由中远集团审计管理委员会直接管理,与企业管理层不再是一种直接的领导和管理关系,对于企业管理层在履行职责过程中存在的问题,以及可能的失职渎职情况,内部审计人员可以独立客观地进行评价。同时,内部审计对企业经营过程的漏洞和薄弱环节发现更加及时,审计意见建议更具操作性和可执行性。

第二,从客户维度而言,垂直模式实施后,内部审计由企业审计委员会直接管理,工作目标更加明确,更加符合企业经营发展的需求,信息沟通和协调更加充分。这样不但提高了内部审计工作效果和效率,而且提高了企业管理层对内部审计的信赖程度。

第三,从内部经营而言,垂直模式实施后,内部审计的管理职能划归中远集团总部,由总部统一调配审计资源、安排审计计划,内部审计工作进一步规范。同时,内部审计业务的标准化,使得内部审计报告质量不断提高。审计队伍的充实、审计培训力度的加大、审计成果的共享,使得审计报告审计的方面更丰富,审计人员业务素质更全面,审计报告提出建议的价值逐步增加,被审计企业对于内部审计报告的审计建议接受程度逐步增加。

第四,从学习与成长而言,垂直模式实施后,内审人员参与继续教育的培训时间增加,应用计算机技术的水平增加,人才队伍配备更加多样性,补充了大量计算机以及业务等非财务出身的审计人员。这样,具有不同专业背景和工作经历的内部审计人员通过共同参加审计项目和相互学习,将不同知识和专业技术进行互补,有效提升了各审计人员的业务能力和素质。

从垂直审计管理模式和原模式的对比分析可知,在对原审计管理模式涉及的定位不清、审计问题不透彻、审计系统应用不足等方面进行改革后,垂直内部管理模式有效保证内部审计独立客观地开展业务,实现内审的独立性。垂直审计管理模式通过统一工作目标、统筹安排审计人员、统一制订审计计划,使得审计机构设计更加符合企业管理需要,审计工作定位更加清晰,审计工作程序更加规范、科学,进一步有效地体现内部审计的价值增值作用。

垂直审计管理模式作为一种适合集团企业的内部审计管理模式,给企业内部审计工作带来新的发展契机,为内部审计及企业经营管理起到更好的服务作用。内部审计作为企业内部监控和治理的重要职能部门,通过开展多种形式的审计项目和内部咨询服务,能够发现企业经营管理过程中的风险防控重点和内部控制漏洞,同时提出具有建设性审计意见与建议,实现创效避险和价值增值,从而为企业战略发展提供效益管理服务。

第三节　企业内部审计垂直管理的实现方式与保障措施

党的十九大和十九届三中全会对改革审计管理体制、优化审计职能作出了重大决策部署,要求努力构建集中统一、全面覆盖、权威高效的审计监督体制,审计的作用和地位日益彰显。国有企业集团企业迫切需要进一步深化审计管理体制改革,以更强的举措、更有力的作为,助力企业健康持续发展。

一、垂直管理与内部审计的契合性

垂直管理模式源自政府机构,是指某些职能部门脱离当地政府管理序列,直接由上一级主管部门统筹管理"人、财、物、事",具有相对独立的特点。企业内部审计作为一项监督职能,不直接参与经济活动,其权威性、独立性需要得到充分的保证。同时,国有企业集团企业一般具有业务板块多、经营机构多、层级多的特点,垂直管理模式有利于统筹调度审计资源,提高审计质量和效率,更好地实现全覆盖目标[①]。

二、内部审计垂直管理的实现方式

垂直管理模式下,各层级内部审计工作直接接受上一级内审机构管理,通过统筹安排审计负责人、统筹制订审计计划、统筹开展审计项目、统筹管理审计人员,达到有效整合审计资源、提高审计资源利用效能的目的。

(一)统筹安排审计负责人

二级单位内审负责人纳入垂直管理范畴有两种管理模式可供选择。

第一,提名模式。由集团内审部门提名,人力资源部门按程序任命,内审负责人与所在二级单位签署劳动合同,薪酬标准由所在二级单位核定发放;绩效考核以集团为主、所在单位为辅,按一定比例分配考核比重。

第二,派驻模式。内审负责人由集团内审部门派驻,与集团签订劳动合同,薪酬由集团核定发放;集团内审部门负责对其管理和绩效考核,所在单位对其工作进行评价。

以上两种模式下,为充分保证内审负责人的独立性、客观性和专业性,可建立定期轮换和实时淘汰制度。如,二级单位内审负责人之间进行三年轮换,对连续考核不合格的人员进行淘汰等。

(二)统筹制订审计计划

集团内审部门统筹全集团审计计划制订,各二级单位根据集团要求及自身管理需求编制年度审计计划,但须报集团内审部门审核,以保证全集团审计计划"一盘棋"。审计计划的制订应注意三点。

第一,紧密契合集团战略,覆盖集团重大战略议题、商业模式、创新业

---

①史志琳,焦树锋,姜宏丽.大数据发展背景下的企业财务内部审计创新研究[J].老字号品牌营销,2022(8):152-154.

务等,通过审计发现战略执行过程中的异常和偏差,促进战略落地。

第二,体现风险导向、问题导向,基于集团各业务板块风险分析,结合内外部检查发现,确定审计方向及关注重点。

第三,在垂直管理模式下,分级负责、上下协同尤为重要,集团总部可侧重于战略类审计、高风险业务审计、境外资产审计以及集团党组管理范围内的经济责任审计等;二级单位可侧重于运营类审计、内控风险类审计以及二级单位党委管理范围内的经济责任审计等。

(三)统筹开展审计项目

集团内审部门统筹审计项目实施,各二级单位内审部门按计划实施自身审计项目,并在审计项目完成后向集团内审部门报备审计报告、审计整改落实情况等工作成果。此外,在垂直管理模式下,集团、各二级单位可以采取三种形式联合开展项目。

第一,二级单位内审人员参与集团审计项目,尤其是临时性、突发性、全局性的重大项目,以有效补充集团审计力量,拓展内审人员的审计视野和思路。

第二,集团内审人员多参与二级单位审计项目,以加强对二级单位内审工作的指导监督,加深集团内审人员对企业业务的了解。

第三,二级单位之间进行交叉审计,以促进不同板块、不同业务之间内审人员的沟通交流。

通过以上联合审计方式,可以在全集团范围内提高审计效率、锻炼审计队伍、储备优秀审计人才,同时促进内审人员之间的交流学习、共同提升。

(四)统筹管理审计人员

集团内审部门可通过建立四个机制统筹内审人员管理。

第一,内审人员引进机制。结合集团行业特点,可由集团统筹引进工程、法律、信息、金融、贸易等相关专业人才,并安排至适合的业务板块,不断优化内审人员结构。

第二,专业职级晋升机制。打破企业传统晋升方式,与集团人力资源部门联动,建立适合内审人员的上下贯通的专业职级晋升机制,以有效培养人才与促进人才发展。

第三,内审人员轮岗机制。促进集团总部和下属企业内审人员双向轮岗,不仅有利于加强对下属企业的指导监督,也能发掘培养后备力量。

第四,内审人员培训机制。由集团统筹内外部培训资源,按照分层级、模块化、全覆盖的原则定期开展培训,打造职业化审计队伍。

三、内部审计垂直管理的保障措施

(一)建立审计工作质量标准

集团内审部门统筹制定审计工作质量标准,并通过审计质量评估工作推动审计制度在各级单位落地。评估重点包括审计计划执行情况,审前调研工作的充分性,审计方案制订的科学性、合理性,审计底稿及审计报告编写质量,审计整改跟踪情况,审计档案管理的规范性等,促进全集团内部审计工作质量全面提升。

(二)提高审计信息化水平

为贯彻落实习近平总书记在中央审计委员会第一次会议上提出的科技强审要求,集团内审部门应牵头加强审计信息化建设,巩固内审垂直管理效果。一方面,通过信息化建设推动集团审计质量管控措施落地,提高审计规范性,促进审计知识积累,实现审计团队从个体经验型组织向知识型、学习型组织转变。另一方面,引入数据分析工具,促进全集团业务数据无障碍采集及分析,降低审计风险,提高发现问题的效率和精准度。

(三)加强监督力量

同在垂直管理模式下,内部审计应注重与各层级监督力量的协同。一方面,加强与巡视巡察、纪检监察等专责监督的协同,专责监督之间可以通过成果共享、同步进驻、互相参与等方式发挥合力。另一方面,加强与集团职能部门的协同。各职能部门本身就承担着职责范围内的监督任务,内部审计作为监督的再监督,应当在审前、审中、审后三个环节加强与相关职能部门的协同,如通过职能部门了解被审计单位业绩情况,向职能部门输出审计成果,作为业务决策和考核的依据等。

第四节　企业垂直管理模式下内部控制改进意见

一、从单位层面改善内部控制环境

（一）提高单位人员内部控制意识

内部控制涉及全单位每个人员的工作，不单单是相关从业人员的工作，所以机关内要加强内部控制制度建设实施，应该从提高干部意识角度下功夫。

第一，培养和提高单位领导的内部控制意识。作为单位的第一责任人，机关领导应该加强自律，从思想上重视内部控制，发挥模范带头作用。自上而下地增强内部控制观念意识，实时关注单位的内部控制活动，刚性落实内部控制制度。领导具备了内部控制意识，就会要求全单位人员加强学习内部控制方面知识，并对单位内部控制发展进行良性引导，从而为全单位内部控制工作的展开打下坚实基础。

第二，提升从业人员的专业度和内控意识。作为内部控制工作的直接操作人员，其内部控制意识的强弱直接影响内部控制工作的展开。因此应重视培养从业人员的内控意识，以定期组织单位人员学习内部控制知识理论的形式，提高从业人员的相关意识和专业素质。只有这样，才能确保单位内控工作的顺利展开，并提升内控工作质量和专业度。

第三，要提高单位全体员工对内控工作的认识程度，经常性地开展内控知识学习，形成人人参与内控工作的良好氛围。

（二）建立健全垂直管理模式内部控制制度

第一，要持续完善适用于垂直部门的内控制度，建立健全各种制度的科学建设机制，提高制度建设的质量，要出台更加契合工作实际、更加高效合理的内部控制制度，而且要在工作实际中不断检验、不断完善和修订有关制度。制度的制定要有实际操作性，而不是抽象的、无法实践的，做到宏观与具体相结合统一，注重制度建设系统性，使整个制度体系统一、完整、相互照应，形成一个有机整体。避免陈词滥调和华而不实的表述，要在

"新"和"实"上下功夫。严肃制定制度,避免跟风现象,避免出现应付上级的现象,同时在制定制度时积极听取多方意见,联系群众了解民情,在制度中反映民情、体现民智,使制度在推广过程中可以顺利进行;完善制度的各项程序,提高操作过程的科学性和规范性;保持制度刚性,在制度中要明确规定执行制度的主体和方法,注明违反制度需要承担的责任;强化制度的稳定性,避免制度频繁变动、朝令夕改,让执行者没有统一的参考依据[①]。

第二,为提高制度执行力,应建立健全垂直管理监督检查和考核问责机制。企业的问题不是没有制定内控制度,而是很多制度并没有真正落到实处,只是形式主义。加强对制度执行情况周期性监督检查,有助于制度的落实执行。因此,企业要在加强对制度落实情况的督促检查上多做文章,及时了解和掌握各项制度的执行情况。制度要公开透明,让员工知道,员工不仅是制度的执行者,同时也是制度执行的监督者。在制度实行过程中采用问责制,严肃问人,认真问事,将问责具体到每个人、每件事,可以确保制度执行落到实处。加强对制度执行的考核力度,并将制度的执行情况体现在负责人的绩效上。建立科学的制度执行测评体系,及时对制度的执行情况进行评估,可以通过建立客观的评估指标和主观调查两种方式对制度执行情况进行评估,使评估结果更全面、更科学。对于评估结果中出现的问题及时进行调整和改正,使制度得以更科学地执行。对制度中出现的不合规或拒不执行的行为、不认真不及时执行的现象要加以严惩,并纠正到底,避免此类现象的再出现,严保制度的权威性和严肃性。

(三)完善垂直管理模式组织框架和决策机制

在组织框架上,企业要尽快建立单独的审计部门。内部审计部门的建立,是执行监督、考核单位财务资金管理的重要保障,可以更好地起到强化监督约束作用,保证预算取得实效。因此,领导层要高度重视单位内部审计部门的建立,严格按照不相容岗位相互分离原则,配备专业的内审人员,确立在单位的地位,明确其权责。同时,还要建立健全内部审计监督考核制度,确保企业组织结构的完整性。

在决策机制上,要坚持集中讨论、权力和责任相统一原则。一是要坚

[①]孙文特. 大数据环境下LZLJ集团内部审计信息化优化研究[D]. 西安:西京学院,2021:24-25.

持民主集中制。单位在作出重大决策时要经集体讨论研究后决定。避免"一言堂"现象,防止个人独权专断,要加强对领导干部尤其是"一把手"决策权的监督。二是要建立重大决策定期跟踪反馈和评估制度。主要包括明确评估主体、评估启动时间、评估内容和评估处理等方面。企业要定期跟踪决策实施情况,尤其是对重大决策的实施过程,重点关注评估的启动时间、评估主体、评估的内容、评估处理等内容。企业始终关注和追踪决策的实施状况,要主动了解社会大众和利益相关方面对决策实施的看法和态度,积极听取意见和建议,全方位多角度评估决策实施的效果。企业要根据评估内容和结果,依据实际,进行决策调整或者直接停止执行。若想保证决策评估的客观性中立性,可以委托第三方社会评估机构对决策进行评估。三是要建立健全对重大决策责任的追究制度。坚持权责一致原则,实现将决策权与决策责任相互统一。一旦出现违反决策规定的现象,尤其是出现重大决策失误造成重大损失的,就要按照"谁决策,谁负责"的原则一查到底,落实到人,追究其责任。只有这样,才能保证决策的有效实施。

二、从业务层面完善财务会计内部控制

(一)规范预算编制及执行管理

1. 全员参与预算编制

预算编制工作涉及单位的各部门,不仅仅是财务部门的工作。因此,单位领导要强化对财务预算工作的认识,增强全员参与、全员监督的意识。首先,单位领导要以身作则,做好"领头羊"作用,给予预算管理工作充分的认可与支持。再次,单位全体部门与领导要积极参与,及时沟通,共同投入到预算编制工作中。在预算编制中,各部门要将本部门一年的预算及时报到财务部门,最后由财务部门汇总编制。这样才能最大程度地提高资金的使用率,避免出现资金浪费及不够用的现象。

2. 合理安排编制时间

每年的预算编制工作时间比较固定,都安排在下半年,因此要提前做好充分准备。预算编制工作是一个涉及范围广、时间跨度大的工程,特别讲究系统性和完整性。编制前需要进行大量的前期工作,例如需要进行深入调查研究、明确目标预测、反复论证分析等,短时间内是不可能完成的。

因此必须合理安排编制时间,将工作做到前面,确保工作有条不紊地进行。可以提早启动预算编制工作,适度将编制时间延长,扩大编制周期。调动单位全体员工工作积极性,共同参与,保证保质保量完成工作。

3.合理控制支出项目

充分使用单位资金,避免出现资金浪费,确保将有限资金都用到刀刃上。因此企业要合理控制支出项目,按照单位实际和部门职责、任务目标等,按任务的轻重缓急将资金细化,将每个科目和款项支出需求进行重新核算,这样就能尽可能压缩经费支出,避免浪费。

4.加强预算执行力度

预算编制仅仅是预算工作的一个开端,如何将预算落实落地,才是预算管理工作最重要的环节和落脚点。要加强预算执行力度,就要做到两点:一是确保预算分解到位。单位预算下达后,就要根据实际工作需要,细化工作任务,层层分解资金分配,落实到单位的每个科室、每个人。二是加强预算执行监督。单位要尽快推行岗位预算执行责任制和跟踪考核评价制度,加强对预算资金的跟踪与监控,强化刚性约束作用,一旦发现随意更改预算的资金用途、超额使用预算等行为要严惩不贷。

5.健全预算管理结构

为了提高预算管理水平、强化预算监督考核的组织保障,单位应该设立专门的预算管理机构,负责预算的编制、执行、跟踪、监督等事项,确保顺利完成预算管理工作,处理和分析预算编制和执行过程中出现的各种各样问题,确保预算管理工作的顺利完成。可以全方位、全过程指导和监督预算工作,保证预算管理公平公正地进行。

(二)完善经济活动中的资金控制

1.强化资金管理意识

资金管理是财务管理的核心,企业领导要加强对资金管理的重视程度,特别是要提高对资金收支、企业采购等方面工作的重视,确保在资金的审批权限、审核、支付、核算等方面合规合法,确保资金的使用管理合法高效。

2.加大对企业"三重一大"制度中大额资金的管理力度

第一,要建立健全大额资金管理制度。建立健全大额资金管理使用的决策和审批程序,管理制度中审批权限、审批手续、审批责任人都应制定明确,在大额资金的使用过程中,要严格按照程序流程办理审批、领拨款、登记事宜。

第二,要强化审批负责制,在制度规定的权限范围内做好大额资金的审批工作,大额资金的分配使用必须经过企业领导层集体讨论决定,坚持"谁审批,谁负责"原则,做到权责一致。

第三,要坚持公开透明的原则管理和使用大额资金,基本建设要按照"阳光工程"实施。重要设备、主要材料采购必须依法通过公开招标方式确定。对专项资金的管理必须专账核算、专款专用,对弄虚作假现象加大惩处力度。

3.加强监督检查,倒逼责任落实

第一,要加强信息公开,实行"阳光操作"。把企业资金使用特别是大额度资金使用情况及时公开,切实保证企业员工参与监督的知情权。

第二,加大查处力度。对没有按照制度规定,违规使用大额资金且造成严重失误和损失的现象,单位要对其责任人严肃问责,该检讨的检讨,该免职的免职,对于情形严重者,追究法律责任。

(三)加强资产的控制管理

1.保障资产完整性,构建资产清查核准制度

企业应定期检查分析资产及管理现状,对积存资产及时盘活,以杜绝出现闲置积压的现象,实现物尽其用。在单位领导及负责资产管理的相关职员离任时,应重点审查其对资产的管理。即,应有专职人员进行核查,做好资产移交及监督工作,严查资产流失现象,保证账目明确、账实相符、人走账结。完善行政单位内有形资产管理,建立资产管理明细账簿,并配置专人进行管理,要坚持"四主体"原则。

第一,单位负责人。单位高层领导对资产的重视程度直接决定了本单位的资产管理质量。单位领导应熟悉单位各项资产管理制度规定,定期听取关于本单位资产运转的汇报,以及时掌握和处理资产管理过程中出现的问题。

第二,资产管理人员。具体管理资产的人员是资产管理中最关键的人员之一,在管理资产过程中要保持廉洁和自律,端正态度,保持工作的积极主动性。

第三,单位财务人员。财务人员应按照单位制度规定建立总账和明细账,对资产出现的变化及时记录在册,实时更新资产管理和财务管理知识,确保资产账目管理的准确性和真实性。

第四,资产的使用人。作为资产的直接责任人,应秉承高度负责爱护的意识,尽可能地减少资产的损坏,延长资产使用寿命,提高资产使用率。

2.推进信息化资产管理,构建合理的信息管理系统

在全单位构建资产信息管理系统,实施动态化管理,实现实时更新,并对原系统版本存在的不足定期检查,及时更新,建立相关负责人网上审查审批制度,各相关经办人要做到对资产的及时上报、及时审批、限时办理、实时监督、查询管理的一系列线上流程。通过资产管理的信息化和途径的网络公开化,使资产管理服务变得更高效、透明和公开。

3.提高资产安全性,强化资产处置的监督体制

要实现控制资产流出、保证资产规范处置的目的,就要加强对资产的监管。在处理每一项资产时,都应逐步进行资产状态检测、资产价值评估、单位领导集体决定、核准部门管控把关、审批部门审查批准,最后才能处置资产。在决定处置某个指定资产时,应最先聘请专业机构对资产进行性能检测,确定资产没有任何可使用的可能性之后确认为报废状态。由于在市场经济体制下,各项交易只有依据市场的公允价值才能进行,所以第二步是借助社会组织机构对指定资产的价值进行评估,并提交评估报告,这一阶段要确保评估的公正客观性和公平性。

除去有国家规定的特别报废流程的资产,其余资产的各项处置步骤应规范公正,对于部分单位出现因各种原因而在处置资产时先确认报废后补充审查手续的现象,上级部门应进行严肃处理,以保障监察制度执行的刚性。如此,才可以最大限度地保证国有资产使用的安全性,避免不正当流失。

三、加强垂直管理模式风险识别和评估

(一)增强风险意识

第一,领导干部要起模范带头作用。"火车跑得快,全靠车头带",领导干部的一言一行在单位中的作用至关重要。领导干部应以身作则,增强风险防范意识,在单位中作表率,普通干部就会效仿学习。

第二,加强风险防控理论学习。理论学习是一个系统、持续的过程,需要长期坚持。企业内部可以创新学习形式和方法,在企业内部形成氛围。定期进行探讨,创新理论,在对内容和规定深入了解和掌握的同时,将其运用到实际工作中。

第三,适当引入竞争机制,使企业干部离开体制的保护,增强风险意识。总之,培养风险意识绝不是一朝一夕的事情,需要久久为功、驰而不息。

(二)完善风险管理体系

企业要建立健全风险管理体系,要找到单位目前存在的关键风险点。从业务层面,要细化业务流程,从流程中每个环节进行充分考虑;要从以下方面进行认真分析和评估:在企业的具体业务工作中,是否有必要的监督反馈机制来确保程序的规范与执行得合理;工作中是否坚持了"不相容岗位相互分离的"原则,领导干部间权力是否相互制约、相互监督,不会因为权力的过度集中而导致权力滥用与无法监督的现象发生,以及类似的其他事例。对于可能产生的风险,要采取积极有效的措施,如公开透明的方式、良好有效的教育培训、"阳光下"的执法等,都能起到完善体系建设,建立健全风险管理体系的作用。

(三)提升人员专业素质

要定期开展风险识别和评估方面的培训,提升单位风险评估人员的专业素质水平,为企业的风险评估工作提供专业指导。

第八章　风险控制视角下企业内部审计分级管理模式

第一节　分级管理模式概述

一、分级管理模式

分级管理模式各级子公司根据自己的需求设立内部审计机构,负责本企业的审计工作,各级子公司有权决定是否设立内部审计部门,并且对内部审计部门的规格、人力投入、财力投入有决定性作用。同时,各级子公司的业务领导负责该级内部审计部门的绩效考核。由于采用分级管理模式,内部审计人员熟悉本企业内部状况,也熟悉企业内部其他业务部门的人员,这样有利于内部审计人员开展内部审计工作,还能根据平时自己的了解有针对性地进行内部审计。但各级审计部门的独立性会比较差,容易受制于所在单位负责人①。

二、分级管理体制产生与现实需求

(一)分级管理体制的产生及现状

分级管理相对于垂直管理而言,是指政府机构按照行政区划结构,分级、分层次管理本辖区行政事务的政府组织制度和权力运行机制的总称。我国地方分级管理制度最早可追溯到春秋战国时期。春秋早期,秦、楚两国率先设立县一级行政单位,到了战国时代,又设立了郡一级行政单位,郡、县作为政权的一级组成形式,事实上履行着管理地方公共事务的职责。自秦横扫六合,建立统一的中央集权国家后,设立的36个郡县用驰道相连

---

① 汪丽娟.A污水处理厂提标改造工程项目风险管控研究[D].昆明:云南财经大学,2021:30.

并设立驿站,初步奠定了我国古代地方分级管理制度的基础。汉承秦制并有所发展,后来的各个朝代在地方行政机构的设置上一直沿用郡县制,只是形式上有所变化。

中华人民共和国成立以后,《中华人民共和国宪法》第三十条规定,中华人民共和国的行政区域划分如下:全国分为省、自治区、直辖市;省、自治区分为自治州、县、自治县、市;县、自治县分为乡、民族乡、镇;直辖市和较大的市分为区、县;自治州分为县、自治县、市;自治区、自治州、自治县都是民族自治地方。而与之相对应的《中华人民共和国宪法》第一百零七条规定:"县级以上地方各级人民政府依照法律规定的权限,管理本行政区域内的经济、教育、科学、文化、卫生、体育事业、城乡建设事业和财政、民政、公安、民族事务、司法行政、监察、计划生育等行政工作,发布决定和命令,任免、培训、考核和奖惩行政工作人员。"《中华人民共和国宪法》第一百零七条明确规定,由县级以上地方各级人民政府管理本行政区域内的公共事务,其中列举的经济、文化、卫生等公共事务涵盖了绝大部分行政机关。在实践中,目前我国行政机构设置和权力运行上,主要实行的是分级管理模式。以中部城市长沙为例,长沙市政府共有39个政府工作部门,市政府直属事业单位18个,而垂直管理部门仅有10余个(含中央垂直管理单位),在所有部门中所占比例大约为17.5%;以西部城市贵阳为例,贵阳市政府共有工作部门42个,而垂直管理部门仅有5个,在所有部门中所占比例仅为12%。

(二)分级管理体制产生的现实需求

第一,增强基层政府自我发展的内在动力。在分级管理体制中,基层政府是所在区域的综合管理者,对所在区域的经济、文化、教育、卫生、公共安全等各项公共事务发展负整体责任。对于基层政府来说,只有切实发展经济文化等各种事业,解决公众关注的民生问题,促进当地经济社会发展,才能获得公众的认同和支持,并在政绩考核时获得上级政府的认可。分级管理使地方政府更多地担当起地方利益协调者或仲裁者的角色,增加了发展的积极性,进而推动了国家的发展。

第二,增强基层政府提供公共服务的能力。由于政府层级过多,上下信息传递极有可能出现失真,造成层级越高的政府机关越不能掌握基层真实情况。而基层政府最贴近公众,最有可能全面了解公众的真实需求,与公众利益也有着最直接的联系。实行分级管理,可以强化基层政府的职能完整性,使基层政府能自主地对本辖区的资源进行合理配置,促进财力与事权相匹配,及时回应公众诉求与期待,增强提供公共服务的能力。

第三,形成全方位的权力监督机制。在分级管理体制中,行政部门都是政府的组成部门或者直属机构,其人、财、物均由当地管理,需要接受当地党委、政府的直接领导,当地政府可以以行政命令的方式直接部署工作或者纠正行政部门的违法违纪行为,当地政府还可以通过行政复议等方式对行政机关进行监督和制约。除了当地政府的直接权力监督以外,行政部门还要受到当地人大常委会、政协以及司法机关等机构的监督。同时,在分级管理体制中,行政部门政务信息公开的推力增加,公众获得政务信息的渠道和方法更加便捷,公众评价行政部门的参与性更强,也就比较容易形成全方位的权力监督机制。

第二节　企业审计工作分级闭环管理的强化

随着时代的发展和社会的进步,我国大部分企业的内部审计制度都在逐渐完善。内部审计是现阶段我国企业进行内部管理的一项重要手段,是企业进行自我检查以及自我考核和完善的关键环节。随着市场经济体制的逐渐完善,市场经济逐渐迎来了一个良好的发展环境和机遇。针对我国的内部审计制度,不仅是一个机遇,也是挑战。内部审计制度对于企业来说是非常有好处的。所以需要对现阶段内部审计派驻与分级管理存在的问题及解决对策进行良好的研究和分析,以转变内部审计制度走过场、走形式的不利局面。

一、我国实行内部审计人员派驻制的必要性

(一)提高内部审计人员的独立性

在企业实行内部审计人员的派驻制,一方面能够提高企业内部审计人员工作的独立性和完整性,另一方面能够充分发挥我国内部审计的作用。一般情况下,由于审计人员的管理和下派是统一的,为了有效防止审计工

作内部依靠个人思想为目的进行审计,在一定程度上有效地提高了内部审计的独立性以及完整性,也就在一定程度上说明了内部审计对于事业单位以及企业的重要管理作用①。

(二)提高审计工作的质量

在企业实行内部设计人员的派驻制能够有效提高内部审计工作的质量和审计工作的效率。一般情况下,一个单位的内部审计工作人员由于实施统一管理,不仅可以按照一定期限对审计人员进行专业知识培训,还要不定期地对审计工作进行沟通和交流,保证审计工作能够顺利进行,还便于建立比较完善的审计工作计划,进一步实行审计工作的流程,以提高审计工作的质量和工作效率,最终达到提高审计监督力度的目标。

(三)管理制度改革的需要

通常情况下进行内部审计人员的派驻制度,是很多系统在进行结构调整以及管理制度改革过程中所必须经历的事情。比如企业如果要想提高自身的经济效益,就要不断提高员工的工作效率,减少内部管理过程中经费的投入。但是现阶段一些单位内部审计制度的审计模式非常单一,不能达到审计效果,会在一定程度上造成资源浪费,还会由于各种工程项目的建设而大量浪费资金。所以我们要在一定程度上减少审计人员,倡导企业和事业单位面对自身的现实情况,酌情考虑审计人员数量的配置,减少不必要的开支,以期有效地促进单位内部机构的管理改革。

(四)经济发展的需求

实行内部审计人员派驻制是企业经营管理由粗放型向集约型转变而产生的影响。一些单位在激烈的市场竞争中要转变自身那种单一、小规模的经济管理模式,需要逐渐转变成为集约化的经济管理道路。

二、内部审计分级管理的意义

对内部审计进行分级管理是非常必要的,分级管理内部审计机构能够有效强化内部控制、降低审计风险,是保证内部审计质量的一种有效途径。但是现阶段由于企业在汇总内部审计机构的规模存在一定的差异,并且内部审计的分级复核制度存在不健全的情况,这就导致了一些内部审计存在

①王宝庆,张庆龙. 内部审计[M]. 沈阳:东北财经大学出版社,2017:12-15.

着严重的质量问题。要想保证单位内部审计制度的有效进行,就要做好审计分级工作,建立一套完整的审计系统。

第一,要在一定的程度上保证审计制度的力量充足,保证内部的审计人员数量和规模能够和单位机构相匹配。

第二,要出台单位内部的审计规章制度和细则,规定好审计人员的职责权限。

三、现阶段内部审计存在的问题

(一)企业领导对内部审计认识不够

我国的内部审计在最开始是由政府推荐的,内部审计在实行的过程中,无论是部门的设立还是职工的调配和职责的确定等,都存在着一定的政府干预情况,尤其是有一些内部审计单位常常代表政府对企业的运行和经营进行监督。这样的内部审计难免会让人们以为是一种政府行为,使审计的角色变得非常复杂,也就出现了一个"爱表现"的不良行为,最终导致内部审计"走过场、形式化"。让我国事业单位和企业的内部管理部门对内部审计的认识不够,不能为了审计管理而进行审计。

(二)内部审计部门的设置不合理

我国的内部审计部门一般由高层领导进行管理,缺少实践经验。甚至还有一些单位根本就没有设置内部审计管理部门,上报的内部审计部门是由财务部门和纪检部门等结合起来的部门。这在一定程度上说明了内部审计部门的设立非常随意,缺少一定的合理性和科学性,减少和降低了内部审计部门的意义。

(三)内部审计部门的职能缺失

现阶段,我国内部审计部门的主要功能就是监督和评价。在职位能力上,比较注重于单位在内部运营上进行管理和评价。内部的审计主要以监督为主要引导对象,侧重于检查和审计财务收支是否合法等。简单地说就是内部审计职能偏重于监督,而对评价职能缺少一定的发挥,也就在一定程度上限制了企业通过提升内部审计的能力来提高自身竞争力。

（四）内部审计人员的素质有待提高

企业的内部审计人员大部分都不是科班出身，而是由财务部门人员临时顶替。不论财务人员的学历和专业理论有多强，但是其审计知识还是比较匮乏，所以对于现阶段企业内部的审计还没有形成一个良好的系统，审计人员的素质还有待提高，其综合素质没有能力达到要求，大部分审计人员都没有经过统一的培训，审计观念和知识能力都比较缺乏。

四、现阶段针对内部审计的解决对策

（一）转变领导干部的内部审计思想

内部审计工作对事业单位以及企业来说是非常必要的。企业要想获得良好的经济效益，就要在一定程度上依靠内部审计成果。这需要企业内部的领导干部能够对企业的管理进行很好的配合，高度认识到企业内部审计的重要性，转变自身的内部审计思想。让企业的领导干部认识到企业内部的审计实务对于企业自身来说非常重要，是一种有效的管理手段。

（二）完善更新已有的组织形式，提高审计部门效率

一个企业要想发挥内部审计部门的效率，就要高效地完成内部审计职能。为了让企业内部设计更加有意义，内部审计部门要在审计的模式上作出努力。无论是大企业还是小企业都要设置对内部人才的审计工作，可以参考其他国家先进的内部审计模式，对我国企业的内部审计制度和模式进行更新、完善，保证内部审计部门的决策能力。

（三）内部审计职能的确定

一个企业做好内部审计工作，能够在一定程度上提高企业内部的经营效益。内部审计主要涉及的是保证和资讯两种类型的服务。简单地说，就是要做到内部审计职能中的监督和评价职能同样发挥作用，让企业通过提升内部审计能力来提高自身竞争力。

（四）提高内部审计人员的职业素质

要想保证内部审计人员的素养就要做到以下方面：第一，提高内部审计人员的入职考试门槛；第二，实现企业内部审计人员的资源优化配置；第三，提高企业内部审计人员的考核制度以及培训力度。

五、内部审计工作评价

内部审计系统提高了我国内部的审计能力,也提高了企业以及事业单位健全内部管理的体制,进一步提升了现阶段一些企业的内部盈利能力。笔者首先从内部审计派驻的必要性和分级管理的意义出发,研究内部审计分级管理的意义,分析现阶段内部审计存在的问题,以及在此基础上提出解决对策,转变领导干部的内部审计思想,完善更新已有的组织形式,提高审计部门效率,提高内部审计人员的职业素质。

第三节　企业内部审计分级管理体制的创新

一、国有企业集团分级管理内部审计体系的不足

(一)内部审计与企业集团治理体系尚未实现有效融合

在企业集团内部,下属企业的内部审计工作不受集团派出监事会领导,只向其提供内部审计成果,导致集团派出监事会在对下属单位业务活动进行监督和检查中缺乏审计抓手,实时监督作用较弱[1]。

(二)内部审计质量控制标准不统一

体系不完善分级管理体制下,企业集团下属单位的审计机构相对独立,审计质量控制标准各不相同,企业集团内部审计质量控制缺乏统一标准,审计质量控制体系不完善,直接影响内部审计工作有效开展。

(三)企业集团内部审计统一协作不够

企业集分级管理的内部审计,整体资源分散且相互之间信息不共享,集团对所属单位审计部门的组织领导和统一协调不够,获取信息渠道单一或信息不对称,两级审计部门难以形成合力。

二、分级管理内部审计体制改革方式

国有企业集团分级管理内部审计体系不足,制约了审计监督作用的充

---

① 王李. 内部审计学概论[M]. 沈阳:辽宁科学技术出版社,2017:14-15.

分发挥,不能满足新时期企业集团高质量可持续发展的需要,对此提出一种改革方式。

(一)改革目标

遵循企业集团战略指引,内部审计体制改革以问题和风险、绩效和管理为导向,创新审计管理体制,整合审计力量,拓宽审计业务,完善审计考核体系,坚持内部审计围绕中心、服务大局,依法依规开展审计工作,促进企业集团合规经营,防范经营风险,高质量可持续发展,使内部审计成为完善企业治理、提升治理能力的重要抓手。

问题和风险导向,要求企业集团充分运用问题和风险评估工具,根据问题和风险评估结果,对问题和风险进行分类,由此确定内部审计的频率和覆盖面。绩效和管理导向要求企业集团从现有的审计业务向绩效审计和管理审计延伸,上级审计下级时,关注下属企业的整体绩效和治理状况;平级审计时,关注经营活动绩效和内部管理情况;具备条件时,开展全面的绩效和管理审计。

(二)改革内容

1. 健全和完善审计领导体制

企业集团理顺所属单位审计工作的领导与管理,做实所属单位监事会,建立所属单位监事会与审计部门工作联动机制。所属单位审计部门的工作对本单位董事会、监事会负责,审计工作由本单位董事长负总责,业务上接受本单位监事会的管理,所属单位监事会办公室设在审计部门,办公室主任由审计部门负责人兼任,使所属单位审计部门成为监事会加强监督的一个重要抓手。

2. 健全审计部门与监事会的联动机制

所属单位审计部门配合本单位监事会履行职责,在监事会的安排下监督董事、经理层、高管等管理人员在履职中有无违反法律、法规、企业章程及股东大会决议的行为,检查所在单位业务合法合规性、财务信息的真实性、揭示存在的风险等,促进所属单位监事会工作落地。

所属单位监事会要加强审计全过程管理。要将监督关口前移,参与审计计划、审前调查和审计方案的制订,参与重大风险审计项目、企业重点关注审计项目的审计实施,建立审计报告的复核机制。

3.调整审计干部管理体制

所属单位审计部门主要负责人任职实行任前报企业集团党委组织部备案,由所在单位聘任。拓宽审计干部来源渠道和发展通道,实行审计干部跨系统或跨单位交流任职,审计部门正职一般应交流任职,在同一单位连续任职不得超过六年。加强审计干部履职考核,实行日常考核、年度集中述职评议等方式。所属单位审计部门负责人年度履职情况由企业集团审计部牵头,派驻监事会。所属单位党委共同参与考核,各占权重。

4.组建企业集团审计中心

审计中心作为企业集团的直属机构,负责企业集团内部审计工作,由企业集团审计部负责归口管理。审计中心内部按业务板块分别设置审计室,负责相应单位审计监督;审计中心人员待遇参照总部机关相关规定执行,日常经费由企业集团承担,实行预算制管理。

审计中心落实企业集团安排的年度审计计划及临时审计任务,集团对其进行责任制考核;审计中心党建工作纳入审计部,由集团本部党委负责考核;审计部制定审计中心内部考核机制,负责对审计中心内部各室考核。

审计中心的主要职责如下:

第一,负责对企业集团及所属单位贯彻落实上级及集团重大政策、制度及"三重一大"事项执行情况进行审计。

第二,负责对企业集团及所属单位发展规划、战略决策、重大措施以及年度经营计划执行情况进行审计。

第三,负责对企业集团及所属单位内部控制及风险管理情况进行审计。

第四,负责对企业集团所属单位领导人员履行经济责任情况进行审计。

第五,负责对企业集团及所属单位财务收支、经营管理及经济效益情况进行审计。

第六,负责对企业集团及所属单位股权投资、固定资产投资、房地产开发、融资建设、工程项目管理等重点项目进行专项审计。

第七,负责对企业集团及所属单位集中采购管理、销售管理、资产管理、资金管理、合同管理等各类关键业务进行专项审计。

第八，负责对企业集团及所属单位境外机构、境外资产和境外经济活动进行审计。

第九，其他项目审计。

(三)改革措施

1.加强企业集团对内部审计工作的统筹管理

加强审计力量的统筹管理，整合企业所有审计资源，以内部人员审计为主，实现多板块融合、上下优势互补、多部门高效协同，形成全集团审计监督"一盘棋"，开展重大项目审计、内部交叉审计，提高审计资源利用效能。

加强审计计划的统筹安排，高度重视集团年度审计计划编制工作，处理好审计全覆盖与突出审计重点之间的关系，严格按照"三重一高"即重要业务单位、重大业务事项、重点业务环节和高风险业务领域的标准筛选重点审计项目，特别要关注新兴业务、并购项目、混合所有制企业等高风险领域。

加强审计质量的统筹指导，优化内部审计制度，细化和规范审计标准和操作流程，建立集团统一的审计工作规范和标准体系，推动依法依规开展审计；以内部审计标准化建设为抓手，编写内部审计指南、审计要点，选取具有共通性的内部审计业务，通过讲方法、举案例、划重点的方式有针对性地指导，着力解决内部审计人员不会做、做不好的问题。

加强审计信息的统筹运用，推进以大数据为核心的审计信息化建设，科学高效地开展审计。建立审计工作报告制度，审计结果和重大案件线索在向本单位董事会、监事会等报告的同时，应及时向集团审计部报告，集团审计部应将审计结果及线索在大监督体系、大数据中心共享。

2.狠抓审计发现问题的整改落实

健全整改责任制。被审计单位的主要负责人作为整改第一责任人，切实抓好审计发现问题的整改工作，对重大问题要亲自管、亲自抓，将落实审计整改工作纳入决策议事范畴，完善审计整改工作机制，深入分析原因，制订审计整改工作方案，落实整改责任，确保整改取得良好效果。所属单位监事会履行整改的监督责任，要切实做好审计整改的督促落实，对审计发现问题要建立清单,实行"销号"管理,对重要问题的整改落实,开展现场检查或跟踪审计。企业集团相关责任部门要加强对审计发现问题整改的指导服务。

严肃整改问责。把内部审计结果及整改情况作为考核、任免、奖惩干部和相关决策的重要依据。对审计发现的重大问题,按照集团违规经营投资责任追究制度,依法依纪移交纪委处理,严肃追究有关人员责任。对整改不到位的,要对被审计单位主要负责人进行约谈。对整改不力屡审屡犯的,要严格追责问责。注重强化长效机制,将审计整改落实与改进管理相结合,对审计反映的典型性、普遍性、倾向性问题,要研究和剖析其成因,及时改进管理、完善制度、优化流程,有效发挥审计监督对加强管理的促进作用。

3.建立内部监督协同机制

通过建立部门联席会议等方式,确保各类监督部门在发挥各自职能作用基础上形成协同互动。加强各类监督部门间的沟通交流,充分利用已有的检查结果等信息,避免重复检查;着力推动监督信息共享、监督成果共用、关键业务共同实施、问题整改问责共同落实,切实形成监督合力。

4.明确内部审计工作的"两个责任"

第一,明确内部审计在发现问题、揭示问题、查处问题、督促整改方面的监督责任。

第二,落实董事会及企业经营班子在审计环境建设、内部审计人员配备、职责履行、资源保障、整改问责落实和机制完善等方面的主体责任,以及被审计对象对主动配合审计、提供真实完整审计资料、认真整改问题并建立整改长效机制等方面的主体责任。

5.加强审计人才队伍建设

企业集团及下属企业配备与经营实力和业务发展相适应的审计队伍,优化审计人员结构,充实熟悉战略、经营、法律和信息技术等方面人才,切实解决审计资源不足、审计工作难以满足业务发展需要的问题;加强审计文化建设,树立"善于发现问题、敢于揭示问题、勇于解决问题"的工作理念,培养审计人员"忠于职守,敢于碰硬"的责任意识。

6.完善相关管理制度

企业集团下属单位结合监事会与审计部门工作联动机制,及时修订章程、监事会议事规则、相关管理制度以及部门职责。特别是混合所有制企业、项目建设企业等,也应按照管理要求进一步完善章程及监事会议事规则,为内部审计的独立性和权威性提供制度保障。

第九章 风险控制视角下企业内部审计集中管理模式

第一节 集中管理模式概述

这里以黑龙江省交通投资集团有限公司审计机构管理的实践为例,提出集团企业内审机构应先进行集中管理,在集团企业审计管理成熟之后,再逐步向分级管理过渡的思路。黑龙江省交通投资集团有限公司于2019年1月成立,拥有170多个二、三级子公司,作为一个大型独资企业审计机构奠基人,其内审机构应该怎样设置?为此,对新合并的控股子公司的审计工作开展情况进行了调研。

调研发现,95%的控股子公司根本未设立审计机构,2%的控股子公司审计机构为财务部下属机构,只有3%左右的控股子公司设有独立审计部。又对3%左右的控股子公司审计部进行了重点调研,发现多数子公司内部审计部的工作流于形式,未起到内部审计应有的作用。因此集团公司决定对内部审计进行集中管理,撤销原子公司的审计部(上市企业除外),成立集团审计中心[①]。

一、集中管理的优势

经过一年的实践总结出审计集中管理的优势如下:

(一)统一内部审计人员的思想

新并入的子公司人员审计理念和工作思路千差万别,需要集中管理,才能迅速贯彻落实集团企业对内部审计工作的要求,有利于整顿工作作风,统一认识,提高觉悟,适应新时代、新集团、新理念。

---

①王莹. 企业内部审计质量存在的问题与对策[J]. 质量与市场,2022(7):142-144.

（二）有利于规范管理和学习培训

集团企业成立之初，规章制度不断完善，操作体系还在逐步建立，此时需要通过集中管理来建立一个统一的大监督体系。在集中管理过程中，制定了全集团审计管理制度、审计操作规程、审计文件模板，着手建立了审计网络管理平台。另外，经过统一学习培训，使全集团内部审计人员有了统一的工作标准、工作规范。

（三）有利于集中有限的审计资源

集团企业成立之初，人才紧缺，审计资源不足。集中管理可以有效使用人力资源，握指成拳，形成合力。

（四）为未来审计的发展积蓄力量

集团企业招聘了一大批审计新人，并通过以老带新的方式进行培养。集中管理有利于开阔新职工眼界，使新员工学会从集团企业层面和角度分析看待问题，清晰理解企业的经营战略。

二、集中管理存在的问题

随着集团公司工作的推进，集中管理产生了一些问题。突出表现在以下方面：

第一，没有对口部门，与下级单位对接不顺畅。下级单位没有审计部门，导致没有专职人员对接，兼职、对接人员不熟悉业务，影响工作效率。尤其是审计整改工作，下级单位缺少专职部门负责督促落实。

第二，二级单位对三级单位的监督力度不够。随着集团公司的发展，二级单位对内部审计的要求快速增长。集团公司审计中心能够完成对二级企业的全覆盖，但无法持续完成对三级企业的全覆盖。

第三，专业审计要求不断提高。集团公司业务繁杂，涉及"铁、公、机、水、矿、投、融、建、管、营"等业务，且各业务板块对中心审计人员有专业要求。跨行业的通才毕竟是少数，更多情况下，各业务板块需要有固定的审计专家，从专业的角度进行日常审计活动。

第四，人才流动的需求。流水不腐，户枢不蠹，审计人才和其他人才一样也需要不断流动，需要有一定的流动空间用以识别人才、锻炼人才、选拔人才，否则容易造成人才流失。

三、相关对策

通过调查研究,集团公司开始摸索成立板块分中心。分中心是中心的下属单位,按业务板块分布。分中心主任由集团公司任命,遵循集团公司的统一管理。分中心人员,一部分骨干由集团公司审计中心派遣,一部分由所属板块二级企业选拔,解决了审计中心编制过于庞大问题。每个板块设立一个分中心,推进了审计的专业化进程。分中心人员着重研究本板块的审计业务,实时监控板块的经济活动,承担板块内三级企业的内部审计工作,也解决了二级单位对三级单位监督力度不够的问题。分中心作为板块业务审计对口单位,上传下达,能够有效贯彻集团公司的审计政策。分中心也扩展了审计人才流动的空间,审计中心资深人员可以到分中心任职,年轻同志也可以到分中心锻炼。各分中心还可以建立竞争机制,实行绩效考评、开展劳动竞赛,充分激发审计人员的主观能动性。在成立分中心的同时,集团公司审计中心也开始转变自身职能,缩减编制,把工作重点放在二级单位的经济责任审计和内部控制评价上,逐渐向管审分离迈进。

需要明确的是,从取消二级审计部建立集中管理的审计中心到成立板块分中心,经历的不是一个简单的合合分分的过程,而是走完了内部审计管理必须经过的两个阶段。没有第一阶段的"合",就没有第二阶段的"分"。"合",完成了统一思想、规范流程、集中力量、培养干部的过程,为第二阶段的"分"做好了充分准备。第二阶段的"分",与"合"前的"分"有着天壤之别,这个"分"不是各自为战,是在集中统一管理下的"分",分得有秩序、有层次,管理上了一个新台阶。只有这样"分",才能满足企业发展、管理的需要。

板块分中心是不是集团公司审计中心管理的终结版呢? 显然不是。随着现代企业对内部审计的要求,分中心还可能再次裂变。从形式上还可能从集中管理回到分级管理,板块分中心又裂变回二级单位审计部。不过那时的二级单位审计部,相比集团企业初建时,审计人员从能力到精神状态已有了质的飞跃。这样的"合"与"分",不是闭合区间的单调重复,而是螺旋轨迹的曲线上升。合久必分,分久必合。循道而行,则分合皆宜。

总之,集团企业内部审计机构是应该集中管理,还是分级管理,要根据实际情况而定。对于一个新组建的集团企业,内审计机构先进行集中管理很有必要,有利于统一思想、规范工作、集中力量、培养人才。在集团企业审计管理成熟以后,可以考虑逐步向分级管理过渡。管审分离、抓大放小是集团企业审计机构未来发展的方向。

第二节　集中管理模式下企业财务风险管控

一、集中管理模式下集团公司财务管理现状

在经济不断发展的过程中,我国的企业不断向着全球化竞争的模式靠近,在进行竞争时,世界上规模较大的优秀企业为我国企业增加了挑战,同时也充分认识到了自己欠缺的部分。在现代企业中的竞争不单单是产品竞争,同时也是企业综合能力方面的竞争,这个过程中企业主要竞争力的体现就是对财务情况进行管理。而进行集中管理的过程中,集团管理财务的情况有以下特点[①]:

(一)逐渐增加集团公司的规模,使管理的难度不断提升

现在很多集团企业一直在扩充规模,一部分领导层不能正确认识和规划集团的规模和发展情况,这就为集中管理过程带来了很多困难。从在财务方面进行集中管理的角度来说,这类管理具有很大的难度。由于财务会在集团公司的方方面面涉及,集团公司很难将每个分公司、子公司的财务具体情况掌握,只能够使用上报财务相关数据以及对其进行审查的方法,研究企业中财务的整体状况,这个方法比较容易出现差错。

(二)集团公司内各分公司、子公司中的管理水平是不同的

集团公司内部的各个子公司、分公司的规模是不一样的,同时每个公司管理的具体方式以及管理人员的水平情况都具有差异,这就会导致集团公司管理的状况,特别是管理财务方面的状况是不一样的,因而会出现一部分规模比较小的财务方面的问题,而另一些公司则会因为管理者自身的一些原因,导致企业内部存在着较高的财务管理风险。

---

① 谢道意. 风险管理视角下的化工企业内部管理[J]. 化工管理,2022(11):10-12.

(三)集团公司针对其内部各个企业进行管控的方法较为匮乏

在集中管理的模式下,集团企业需要针对内部各个企业增加各方面的管理和控制。但是如今一部分集团公司针对自身的各个公司管理的有效方式较为匮乏,各个公司是互相独立的,其运行水平与公司内部管理人员管理方式的高低有着很多的关联。在管理财务相关内容时,形式上虽然都由集团公司进行统一管理和监督,但是进行实际操作时则会各干各的。各个公司的财务预算以及开支方面一般都是互相独立管理的,并非作为一个整体而存在的。

二、集中管理模式下财务管理的问题

在进行集中管理时,管理财务相关事务虽然能预防财务方面出现的问题,并更好地管理和控制集团公司的事务,但是在进行实际工作时仍然会有一些问题存在。具体如下:

(一)传递财务数据较慢,财务管理方面具有较大的工作量

在现代集团中,整体的组织都会非常庞大,同时这类公司会是在世界各地分布的,并不会在一个地区集中分布,有一些也不分布在一个国家。传输财务相关数据时,不仅是应用信息技术来传输一些财务相关的数据,同时还需要把一些相关的票据以及原始凭证给集团公司传输过去,这会导致集团公司中传输财务数据的过程是比较慢的。现代社会的发展和变化是非常迅速的,每天都有新的变化以及新鲜事物出现,但是进行集中管理时肯定会使集团公司各个公司财务方面的反应速度变慢,尤其是在财务管理方面,这就导致不能与快速的市场变化相适应。同时,集中管理模式下也导致集团公司在管理财务工作中的任务量会很大,不仅要求帮助整个公司管理财务的过程,还要求管理每个分公司以及子公司的财务情况,这就会使管理财务工作经常会有不足的情况发生,导致一些潜在的财务风险出现。

(二)不完善的财务制度,财务管理人员的管理水平参差不齐

一部分集团公司并没有构建完全的管理财务的相应制度,财务管理的相关工作不能按照市场发展的规律以及实际的情况来开展,这些公司管理财务的相应任务是完全由某一个人或者某几个人自身的意思来确定的,这

就导致了这些集团公司财务管理的相关现状存在很多问题,不容乐观。对市场的客观规律以及公司的实际情况,不尊重的管理过程是很容易引发财务方面的风险,尤其是在集团公司中,因为公司具有很大规模,每次不正确的决定都会产生巨大损失,甚至会对集团公司未来的发展过程造成直接影响。

(三)财务管理工作非常复杂,很难对每一个方面都实现兼顾

综合以上信息,不难发现,集团公司经常具有很大规模,也具有非常多的下属单位和公司,这为管理财务的过程引入了很多的难点和风险问题。集团公司管理财务的过程不单单需要监管和记录现在进行的各类财务活动,还需要针对公司的资金流动、投资、融资等方面情况进行监督和管理,同时将这些过程在每个下属的公司中进行具体的分配过程。这些工作针对管理财务管理的过程是十分重要的一个困难的问题,也很难将管理中各个部分的内容都关系到,这就导致在进行财务的集中化管理过程中较容易出现遗漏以及缺陷的问题,这也是集中化管理集中化过程中一定会面临的风险和情况。

三、集中管理模式下管控财务风险

对于集中化管理模式存在的一些问题,集团公司的企业管理层应该有针对性地选择有效的措施使这类问题得以解决,并实现对财务风险的有效管控。

(一)财务信息化建设的持续推进

在信息化技术逐步推进的过程中,信息化的实现为管理财务的过程也带来了新的发展方向,能够将管理财务的过程效果有效提高。集团公司内部能够将信息化的统一管理制度建立起来,将各类财务信息能够使用同一个模式进行录入,并经过整理之后向集团进行上报,实现统一处理和分析的过程。在进行财务信息的操作时,可以借鉴流水线生产的相应模式,任何一个财务人员都对具体的一个工作环节进行负责,并将一致的规章制度构筑起来,使得任何一个财务工作人员都可以依据相同的标准来推行相关的工作。这个过程能够应用信息化方面的技术协助集团公司把管理财务的集中化水平增加和巩固,这样也可以把集团公司管理中更加精确类的经

济类数据快速获取,为控制和管理集团中的风险过程提供更多、更为有效的依据。

(二)资金集中管理工作的加强

在推进集中管理财务的过程中,集团公司需要巩固其自身集中管理资金的情况,确保资金的使用权掌握在集团手中,同时也能够充分使用闲置资金。可以把这部分资金在银行中进行相应的投资过程,以得到一些安全可靠的收益,在确保资金流动性的情况下,扩大闲置资金的收益情况。集中进行资金的管理,能够实现一些分公司、子公司因为自行实现高风险作业而出现的资金流失以及财务方面的问题得到控制和减少。同时,资金集中管理的过程也可以将资金使用的状况实现改进,减少零散资金不被使用的情况,资金不被使用的情况也是一类浪费行为。保证其合理统一的应用能够将财务的风险有效降低。

(三)将预算以及预算执行的相关机制建立并完善

集团公司应该依据其内部财务的情况以及运行状态进行预算计划的确定,确定预算计划的周期不能过短,也不能够过长,同时需要依据公司的总体运行情况的变化,实现一系列调整。预算包含的情况应该确保全面性,不仅需要包含各类经营生产性的支出,还需要包含一些人工费用和固定投资等,经过整体的统计和规划的过程使其确定公司预算的情况得到实现。一旦预算确定成功后,在预算变化得到确定前,应该依据预算计划严格遵守,保证管理财务过程能在确定的范围内实现运行。如果公司的运行情况或者财务状况发生了变化需要对预算方案实现有效的调整,使得方案能够适应这种变化,同时可以把集团公司财务方面的风险把握在能够控制的范围内。

(四)使用外部审计以及内部审计相结合的审计模式

对于集团公司的管理状况以及运营状况,应该实行一定期限内的审计的过程。而这类审计主要分为两个部分。一部分就是在集团公司安排相应的人员实现各个公司审计财务情况,使每个公司财务情况的信息与实际情况相关的状况得到保证,对于每个公司能否依据企业的各种财务制度实现严格的管理和控制的过程进行审查。另一部分就是需要进行外部审计公司的引进,集团公司需要邀请第三方的审计机构针对集团整体情况进行监督和审查的过程。特别需要针对集团公司管理财务相关部门的财务状况实现重点审查,确保集团公司整体的财务状况在正确途径中发展,将财务风险降低。

由于集团公司特殊的规模和管理模式,导致在集团管理中有很多问题和风险存在,因而集中管理模式的财务管理很易于产生问题,对集团公司的正常运作产生很大影响,甚至会出现资金链断开的状况对集团运作造成不可挽回的损失。对于这种状况,应该使用高效的方式实现财务问题的预防和控制,其中包含财务信息化建设的推进,对资金进行集中化管理,将完善执行预算机制建立起来,并使用外部审计以及内部审计相结合的模式,以使集团公司财务管理的过程得到安全平稳的发展。

第三节　多层级审计架构下企业集中管理模式

近几年,国资委一直要求各央企内审工作要坚持"专业、独立、权威"的原则,对审计组织体系建立统一的运作模式,实现审计业务统一规划、审计力量统一调配、审计质量统一标准,切实保障各央企集团依法独立审计。同时,也鼓励各央企集团根据各自商业模式、业务运作特点积极探索,对审计体系从分级管理模式向集中管理模式转变。

FAW集团企业作为大型央企集团,具有下属单位众多、地理分布广泛、经营多元化等特点,对审计体系始终实行分级管理。2000年后,分级管理模式与集团化发展的要求越来越不匹配,亟须向集中管理模式过渡。

以FAW集团公司为例,在深入分析分级管理模式下存在各种弊端的基础上,结合充分的理论研究和调研,提出了集中管理的具体措施。这些集中管理措施不但适合FAW集团公司,也适合其他分级管理模式下的大型公司集团。

一、FAW集团企业审计体系配置现状

FAW集团企业现有职能部门22个、分子公司43家[统计到下属二级公

司,职工12.8万人,其中13家一、二级分子公司设立了独立内审机构,共有内审人员109名(包括总部47名)],总部审计同时接受审计委员会和高管层的双重领导,审计委员会负责对内部审计工作进行监督和指导,高管层在行政上对总部审计进行管理。下级内审机构中,5家上市企业、金融企业完全按照相关行业监管要求设置、管理内审机构,其余8家企业则根据本企业内部管理需要设置内审机构和隶属关系。FAW集团所属的13家内审机构(不包括总部)无论是组织机构管理抑或审计业务的开展都基本不受总部审计的监督和指导①。

二、分级管理模式下存在的弊端

FAW集团公司审计自成立始一直实行分级管理,前期也曾发挥过良好的管理作用。但随着FAW公司横向多元化经营的不断拓展,纵向机构层级的不断增加,在总部层面突出表现为审计力量明显不足,对审计体系的资源统筹调度差,不能满足大规模、全覆盖、多领域的审计监督要求,同时,集团整体审计计划重点也不集中,不能有效围绕集团公司战略目标实施;在下级公司层面突出表现为审计独立性、权威性差,审计质量缺乏控制,人员素质参差不齐,审计领域覆盖面小等弊端,已经严重制约了集团公司审计体系合力的发挥。

三、集中管理措施和建议

针对FAW集团公司审计现状,秉承权威性、独立性、有效性及成本效益原则,同时结合对其他央企集团的调研,提出了适合FAW集团公司审计现状的集中管理措施。

(一)对下级审计机构实行双重领导制

目前,FAW集团公司总部审计对下级公司审计机构基本不管理,下级公司审计机构也仅向本公司负责。采取集中管理措施后,FAW集团公司审计应首先实行双重领导制,即下级审计机构除接受本公司领导外,还应同时接受上级审计机构的领导。上级审计机构应在审计业务方面给予下级审计机构充分的监督和指导。

---

①徐晶.企业内部控制审计制度建设[J].中国农业会计,2022(4):54-55.

(二)参与对下级审计机构负责人的绩效考核

目前,对下级审计机构负责人的招聘和考核权限均封闭在下级公司。采取集中管理措施后,上级审计机构要对下级审计机构负责人的聘任拥有提名权,对其绩效考核也要占一定比重。

(三)对审计计划统一平衡管理

目前,下级公司的审计计划基本围绕本公司的经营管理目标自行制订,总部审计不参与。采取集中管理措施后,应要求下级审计机构将审计计划上报至上级审计机构,最终由总部审计站在集团公司战略层面,对其进行统一平衡、调整,以确保集团公司战略目标的实现。

(四)统一审计操作流程和作业规范

目前,FAW集团公司审计体系各层级都在按照自己制定的审计作业流程和规范实施审计,审计作业质量参差不齐。采取集中管理措施后,总部审计要综合考虑体系内各单位现状,建立统一的审计操作流程和作业规范,提升体系整体审计质量。

(五)实现审计信息共享

目前,各层级审计机构间对审计信息尚未实现共享,以致出现审计信息不对称、工作重复,从而造成不必要的成本浪费等弊端。考虑到成本效益原则,采取集中管理措施后,总部审计应搭建信息共享平台,如通过网络、电子邮件或其他媒介共享审计信息,堵塞信息缺口,避免成本浪费。

(六)对审计体系人员统一培训

目前,FAW集团公司审计体系部分人员在审计知识、技能和实战经验方面都比较缺乏,虽然总部审计经常举办各类审计业务培训,但由于没有强制要求,部分下级审计机构经常出于各种原因不参加培训,因此内审人员的技能水平参差不齐。采取集中管理措施后,总部审计对于下级内审人员的培训应采取强制性要求,以提升体系人员整体业务素质。

(七)对下级审计机构开展审计业务评估

目前,总部审计对下级审计机构尚未开展审计业务评估。采取集中管理措施后,总部审计应完善审计业务评估流程和标准,使其广泛适用于整个审计体系,并对下级审计机构进行定期的审计业务评估,优化各层级内审机构的工作效率和质量。

(八)通过制度规定予以保障

为确保上述措施的有效落实,确立总部审计对审计体系的统领与管控地位,总部审计应在制度层面对上述举措予以固化,建立与之相匹配的各项规章制度和管理办法,确保总部审计对下级审计机构和负责人拥有充分的管理职能,最大限度地实现集中管理。

四、采取集中管理措施的前期准备

由于 FAW 集团公司审计体系一直实行分级管理,总部审计对下级审计机构始终疏于管理,为确保集中管理措施的顺利实施和效果,在采取集中管理措施前,总部审计必须对体系进行全面梳理,对现存的不足予以改善。

(一)全面统计 FAW 集团公司各层级审计机构和人员数量

由于总部审计对审计体系始终缺少主动管理意识,并未做到对下级审计机构和人员的全面、定期"盘点",如下属某公司有的已配备了专职内审人员,有的已有意向设立内审机构,但总部审计对于上述信息并未及时掌握、跟进和服务,以致对体系内审机构和人员的数量等信息掌握得不够及时、准确。

(二)明确设立审计机构的标准

以往对于下级公司是否应设立内审机构和人员的标准都比较模糊,以致部分经营规模较大、经营性质非常重要的公司,如供产销全面经营的公司,经营进出口业务和物流业务的公司,仍未配置内审机构和人员。为了更好地发挥内部审计的监督功能,建议对下级公司从经营规模、公司性质的重要性和复杂性、员工数量等多个维度进行评估,设计出应配置独立内审机构、专职审计员或兼职审计员的衡量标准,以便更好地完善集团审计体系。

(三)确立"下管一级"的管理模式

目前,FAW 集团公司总部审计尚未明确不同层级审计机构间的管理、权责分配和相互支撑、协同的管理措施。采取集中管理措施后,为避免总部审计管理压力过大、管理界限不清,以致出现对存在隶属关系的不同层级审计机构的双重交叉管理,建议对审计体系采取"下管一级"的方式进行管理,如以下级 A 公司为例,A 公司审计归总部审计管理,而其下属分子公司的审计则归属 A 公司审计管理,如此则可避免造成管理界限不清、责任不清的混乱局面。

　　以上是以 FAW 集团公司为例,对多层级审计架构下集中管理措施的深入分析和探索,提出的具体管理措施和建议明确且有针对性,能够有效实现审计资源的优化配置,对促进集团公司可持续发展和实现战略目标有着重要意义。同时,也可为其他央企集团实现集中管理起到抛砖引玉的作用。

第十章 风险控制视角下企业内部审计管理策略

第一节 内部审计与风险管理

一、全面风险管理的定义

COSO 于 2004 年在《内部控制——整体框架》中指出,企业风险管理始于制定战略目标之时,贯穿于企业日常经营活动,是企业各个层级的工作人员都需要参与的过程,有助于防范和管控不利于企业运营的风险因素和相关事项,从而保证企业目标的实现。它贯穿于企业的各个业务流程,整个风险管理流程应该全面包含对风险的事前预警、事中控制、事后监督等[①]。

二、全面风险管理理论的内容

COSO 将全面风险管理的框架划分为:风险管理要素、风险管理目标、风险管理层面三个方向。

1.风险管理要素

风险管理要素是指企业进行风险管理时必须注意和采取的相关措施。具体包含八个要素:内部环境、目标设定、事项识别、风险评估、风险应对、控制活动、信息和沟通、监督。具体分析如下:

第一,内部环境是进行全面风险管理的基础,是与企业经营活动有关的各种要素的总和,例如组织架构、企业文化、管理层价值理念、企业管理层级等。

第二,目标设定是进行全面风险管理的重要前提,企业对影响目标实现的风险因素进行甄别需要建立在相关目标的基础之上。一般从战略目

---

① 殷秀梅.战略性内部审计实施研究[J].财会学习,2022(12):110-112.

标和经营目标两个层面进行设定。

第三,事项识别是指通过甄别企业在运营中的每一个环节,依据上一阶段目标的制定结果,确认事项是否会造成目标偏差。通过这一过程来判断事项带来的影响是否为不利影响,以此来拟订相关的应对计划。

第四,风险评估是采用定性、量化的方法对已识别的风险事件进行评估,为企业提供更加全面的风险甄别信息。主要从风险发生的可能性大小以及风险预计给企业带来的危害程度来进行评估。

第五,风险应对是根据企业目标、风险特点、风险承受度等来实施管控措施,从而避免企业遭受更多损失。主要措施包括:风险的规避、减少、共同承担、接受。

第六,控制活动是保证风险应对措施得以正确实施的管理过程,贯穿于各个层级。主要通过制定一些可行性政策和管理程序来实现,是企业对风险进行有效管理的重要保障。

第七,信息和沟通是指企业各部门和不同人员之间应该保持信息通畅,及时将需要传达的信息送至相关接收人,让各个流程的工作都能如期完成。

第八,监督是指对风险进行管理时应当有相应的督导者,来对风险管理相关工作的不足进行及时改进。企业主要通过持续监督和个别评价的方式来完成对风险的监督。

2. 风险管理目标

风险管理目标分为:战略目标、经营目标、报告目标、合规目标。战略目标的实施期限较为长远,一般由企业较高层级人员制定。经营目标是对企业的常规运营和每一个经营环节作出的期望设定。报告目标是向企业外部提供相关报告时应遵循的规范和要求。合规目标是对企业遵循法律规章等的要求和标准。这些目标对风险管理的规范性进行引导,防止企业对风险进行管理的过程中出现偏差和错误。

3. 风险管理层面

风险管理层面包含:企业整体层面、企业控股子公司、企业分支机构、企业业务单元。全面风险管理框架体系对企业的涉及范围进行了要求,提出企业的风险管理应该贯穿于各个业务单元,以保证全面风险管理的全面性和系统性。

第二节　风险导向下企业内部审计优化管理措施

一、优化内部审计组织体系

(一)强化内部审计顶层设计

党中央成立审计委员会,作为党中央决策议事协调机构,并在审计署设立中央审计委员会办公室,在历史上绝无仅有,这是党加强对审计工作领导,推动市场经济健康发展和现代化经济体系建设的创新之举,为更好发挥审计监督作用提供了坚强的政治保证,也充分说明了审计工作在保障党和国家发展大局中的重要作用[①]。

国有企业要提高政治站位,强化内部审计工作的顶层设计,全面加强党对审计工作的领导,成立党委审计委员会,负责内部审计工作的总体设计、统筹协调、整体推进和督促落实,对内部审计工作的有效性进行总体监控和评价。为提高内部审计的独立性与权威性,应由党委书记、董事长任主任,党委副书记、总经理任副主任,领导班子其他成员任委员。委员会可下设办公室,主任由分管审计工作的企业领导担任,副主任由内部审计机构负责人担任,成员由总部机关和主要机构负责人组成。审计委员会的主要职责一般应包括:研究提出贯彻落实党和国家在审计领域的法律法规、政策措施的意见和建议;审议贯彻执行上级有关审计工作决策部署的意见和措施;审议审计发展规划、年度计划、年度工作总结等;推动建立健全内部审计管理体制机制和制度体系;审议内部审计发现的重大问题及相关处置意见、建议;审议上级审计整改工作方案、报告和重大问题处理意见;推动落实审计结果的综合运用。

审计署《关于加强内部审计工作业务指导和监督的意见》特别强调了国有企业总审计师制度,审计机关应尽快出台相关实施细则,明确规定国有企业必须设立总审计师,可按照经理层副职或副总师层级配置,协助企业主要负责人管理内部审计业务,牵头建立健全企业内部审计制度,负责跨部门工作协调,及时处理审计业务中遇到的难题等。

[①]袁梓烜.M家纺公司税务风险管理研究[D].昆明:云南财经大学,2021:24-25.

（二）科学设置内部审计机构

国有企业应坚持探索和完善内部审计统一管控机制,整合内部审计机构、人员,科学设置内部审计机构,探索在总部机关成立审计管理部门,组建审计中心,增强内部审计的独立性、专业性和职业化。审计中心应定位为独立实施审计、评价项目的专业化部门,同时应作为国有企业比照总部机关管理的直属机构。

审计管理部门主要职责包括:制定审计基本管理制度、工作流程、规范和评价办法等;负责集团企业审计工作计划编制、下达;对审计中心进行业务指导,监督工作质量,负责对审计中心审计项目报告的备案;负责编制上级审计整改方案、审计整改报告;提出内部审计查出问题的整改和处理意见,并督促整改落实;负责审计工作的总结、分析以及成果运用;对接外部审计,落实上级监管部门的相关要求。

国有企业集团下属各级子分企业对本单位内部审计工作负主体责任,根据单位实际情况成立审计委员会及内部审计机构,不具备设置委员会及独立部门条件的单位,一般明确内部审计分管领导及内部审计专兼职人员。

（三）加强内部审计人才队伍建设

国有企业要加强内部审计人才队伍建设,优化人员结构,充实熟悉企业管理、投资发展、法律法规和信息系统等方面人才,建立健全轮岗、轮训机制,力争打造一支具有多岗位经历、多专业背景,年龄、专业结构合理的高素质内部审计人才队伍,着力解决内部审计工作中存在的人力资源不足、与业务发展不相适应的问题。要加强内部审计人员的政治思想教育,教育、鼓励内部审计人员敢于动真碰硬,善于发现问题、处理问题。国有企业还应改革优化审计干部管理体制,提倡审计干部跨系统或跨单位交流任职,积极拓宽审计干部来源渠道和延伸审计干部发展通道。

在拓宽审计干部来源渠道和延伸发展通道的基础上,要进一步加强对审计干部履职能力的考核,可采取日常管理、年终综合考核等方式进行。对于国有企业所属单位审计机构负责人履职情况的考核,重点是听取总部内部审计相关人员的意见、建议,同时还要听取其所在单位党委、派驻监事会等对于审计负责人的意见、建议,以便能够全方位、多角度地考核和了解。

二、改进内部审计运行机制

(一)强化内部审计流程管理和质量控制

国有企业内部审计机构应坚持"以审计精神立身,以创新规范立业,以自身建设立信",始终把强化内部审计流程管理和质量控制作为维护审计权威、发挥审计作用、防范审计风险的重要抓手。注重审计计划和编制方案制订、项目实施、报告审核、审计整改等审计全流程的质量把控,不断完善审计质量管理制度,根据审计署关于内部审计工作规定、中国内部审计准则等制定审计岗位责任制、审计人员行为规范、审计四级责任制度、审计过错责任追究制度、审计整改工作规定等,确保审计项目从计划、准备、实施、报告、整改到结果运用等环节都有章可循、有制可依,确保审计程序规范、方法得当、质量可控。多措并举规范审计行为,全方位防范审计风险,切实提高审计评价工作质量。

具体来说,可以从以下六个方面强化内部审计流程管理和内部审计质量控制。

第一,深入开展审计需求调查,充分征询企业领导人员、机关部门和下属单位的审计需求,统筹编制审计年度项目,提高项目计划的针对性、科学性。

第二,推动审计业务专业化建设,完善不同类型审计项目业务实施指南,规范经济责任审计、工程审计、投资后评价等业务模块化管理。

第三,坚持审计底稿复核制度,定期召开审计组会议、审计部门会议等,对审计小结、审计报告质量进行严格把关。

第四,坚持完善会商机制,及时推进项目进度,研究讨论重要审计事项,强化对审计质量的监督。

第五,建立有效的内部市场和岗位绩效考核体系,严格执行审计质量责任和过错责任追究制度,实现内部市场化结算和薪酬绩效化管理,增强内生动力。

第六,将审计发现问题质量、审计增效金额、发现违规违纪线索数量等纳入审计机构绩效考核,并赋予较大权重及分值,切实加强对审计质量的考核。

（二）拓展丰富内部审计职能和类型

落实对"三重一大"事项的跟踪审计。对重大决策、重要项目安排和大额资金使用情况进行全过程跟踪审计。加强对可行性研究论证、尽职调查、资产评估、风险评估等对重大决策、重要项目具有重要影响环节的审计力度，强化对决策规范性、科学性的监督，促进国有企业提高投资经营决策水平。

突出主责主业专项审计。聚焦主责主业发展实体经济，加大对非主业、非优势业务的"两非"剥离和无效资产、低效资产的"两资"处置情况的审计力度。将打通供应链、稳住产业链等工作落实情况以及投资项目负面清单执行、长期不分红甚至亏损的参股股权清理、通过股权代持或虚假合资等方式被民营企业挂靠等情况纳入内部审计重要任务。对国有资产监管机构政策措施和监管要求落实情况进行跟踪审计，推动各项工作要求落实到位。

围绕提质增效稳增长开展全面审计。适应国际形势变化，结合经营业绩考核指标，重点关注会计政策和会计估计变更、合并报表范围调整、期初数大额调整、收入确认、减值计提等会计核算事项，保障会计信息真实性。加大对成本费用管控目标实现情况、应收账款和存货"两金"管控目标完成情况、资金集中管控情况、人工成本管控情况以及降杠杆减负债等工作的审计力度。

强化大额资金管控审计。针对近年来电子支付、网络交易等新型资金结算手段的普遍使用等资金管理新形态，重点关注关键岗位授权、不相容岗位分离等内控环节的健全完善及执行情况，深入揭示资金审批、结算、对账等各日常业务环节的薄弱点。对资金中心等资金管理机构每年至少应当审计一次，对负责资金审批和具体操作的关键岗位和重要环节应进行常态化审计。

（三）构建国有企业大审计监督体系

国有企业内部监督体系较为完善，除内部审计机构外，一般还包括纪检监察、监事管理、法律、财务等机构。国有企业应进一步推动内部审计监督与其他形式监督的协同配合，着力构建国有企业大审计监督合力机制。

内部审计机构在开展工作时不应拘泥于形式,可以打破部门边界,发挥协同效益,共享工作信息与成果,积极探索合作工作机制,形成监督合力。例如,可以将内部审计工作与党委开展的巡视巡察工作相结合,利用巡视巡察工作的政治和组织优势,进一步延伸审计触角,提升审计工作效率,及时处罚违规违纪和失职失察人员,增强审计威慑力;可以将内部审计工作与监事检查工作相结合,充分借助监事力量,更多、更快、更准确地掌握企业核心信息,使审计与企业高层沟通更为顺畅、有效,推动审计问题查深查透,促进问题整改落实到位;可以将企业总部委派至子公司、分公司、参股企业的董事、监事和财务总监等高级管理人员纳入公司内部审计力量,通过规范被投资企业"三会(股东大会、董事会、监事会)"议案审核拓展内部审计工作的广度和深度,逐步构建企业总部和被投资企业上下联动的风险防控体系,提高企业整体管理水平和抗风险能力,保障集团整体合法权益。

三、完善内部审计保障体系

(一)健全内部审计制度体系

国有企业应根据内部审计的顶层设计布局,对内部审计制度框架进行探索和规范,建立全方位、多层次的内部审计制度体系。一是制度制定层面。制定内部审计管理办法作为内部审计基本制度,明确内部审计机构职权范围、工作分工,审计计划、审计报告编制内容、程序,以及审计结果运用方式等,为内部审计工作提供基本遵循。制定领导人员经济责任审计办法、审计整改工作规定等专项、重要审计制度,为规范审计行为、提高审计质量奠定了坚实基础。二是制度操作层面。以规范、全面、实用为原则提高内部审计制度的可操作性,将审计管理要求纳入业务操作规范。制定《内部审计工作手册》,统一规范内部审计的作业程序、作业标准、作业表单。收集整理本企业、同行业典型审计案例,汇编形成审计案例库。梳理分析内外部审计发现的缺陷问题,建立审计问题库。梳理审计法律法规、内部管理制度,建立审计法规库和规章制度库。

(二)加快内部审计信息化建设

国有企业要高度重视内部审计信息化建设,搭建全集团统一的审计作业与审计数据分析信息化平台,实现内部审计工作的线上化,并通过信息化手段逐步实现数据自动提取与智能分析,规范审计工作,提高审计效率。审计信息系统应以审计作业为核心,实现对审计业务的计划、项目、资源等核心业务线上运行及管理,将规范的审计流程嵌入系统,实现作业流程的规范化、标准化,通过统一的流程管理和流程配置,满足集团企业各级审计业务的需要。审计信息系统主要功能应包括审计评价计划管理、审计评价作业管理、大数据应用及分析、审计评价信息管理、行政办公等功能模块。审计信息系统运行后应能实现以下管理功能:

第一,审计业务流程电子化。审计计划、方案、底稿及附件、报告、档案等电子化。

第二,审计作业操作电子化、模块化。对审计项目进行分类,根据不同的业务类型定制审计评价流程、审计评价方法、审计评价依据、审计评价案例等参照模板,定制审计方案、底稿、报告等审计文书模板。

第三,根据审计核心职能设计相应操作流程,实现业务流程规范化管理。

第四,建设审计信息数据库。如审计人才库、审计对象信息库(被审单位、待审工程、经济责任人等)、外委审计单位(中介机构)、审计模板库(审计方案、文书等)、法规制度库、培训信息库、档案库、审计问题及整改库等,方便查询检索,并可生成图表信息。

第五,实现审计信息统计分析功能:①审计过程、结果、问题整改的部分数据形成图表,为审计管理提供依据;②提供可自动抽取审计样本功能供审计评价人员选择,可根据条件实现随机或科学抽样功能;③审计问题汇总归类,分析管理薄弱环节或风险漏洞。

第六,数据信息访问。通过集团统一服务平台,能够对接全面预算、固定资产投资管理、物资采供、煤炭销售、人力资源、财务共享、工程招投标及造价管理、档案管理、办公自动化等系统,能够对相关系统的业务数据进行读取、分析和运用。

(三)培育具有国有企业特色的内部审计文化

第一,以企业文化建设培育内部审计监督文化。国有企业可以将内部审计监督文化纳入企业文化建设全过程,通过包含审计案例警示教育、内部审计通报在内的多种形式宣传审计监督文化,同时将审计监督文化的培育等内容纳入企业文化重点任务,逐步在各级管理人员中牢固树立内部审计监督意识,明确必须以依法合规为底线,严守纪律规矩,及时采取有效风险防控措施。这既是维护企业利益的根本手段和有效途径,也是保护企业管理人员职业安全的有效手段。

第二,以有力审计监督手段强化风险意识。国有企业应将所属各单位全部纳入审计监督范围,将审计监督及审计整改结果落实到薪酬、绩效考核制度。同时,严格按照违规经营投资责任追究实施办法等规定,及时发现并移交问题线索,形成"强监管、严问责"的内部审计环境,倒逼各级管理人员逐渐强化风险意识。

第三,以前沿高质量业务培训培育内部审计能力。国有企业应将内部审计管理体系等内容纳入中高层领导和管理人才培训,邀请国内知名专家、学者、企业高级管理人员,以"走出去、请进来"的方式加大审计骨干人员培训力度。建立对标学习机制及理论研究机制,广泛开展理论研讨、信息积累和个人学习。在各级管理人员、业务人员中挖掘、培养审计专业人才。

第三节　风险导向下企业内部审计优化管理实践

近几年,内外部金融环境发生了巨大变化,金融业的发展面临更加严峻的形势:盈利水平普遍下滑,同业竞争日益激烈。财务公司作为集团企业内部银行,由于服务范围仅限于集团成员单位(即财务公司客户),如何建立新的金融创新模式,以适应市场发展的趋势和金融监管的要求,是财务公司面临的新课题。

据此,京能财务公司自2006年成立时即组织课题组研究了现代金融创新理论的发展趋势,经过两年时间,总结提炼了具有财务公司特色的"SPORT"金融创新模式,并在业务发展的过程中积极实践探索,取得了较好的成效①。

---

①臧超.行政事业单位内部控制建设探讨[J].行政事业资产与财务,2022(7):59-61.

一、京能财务公司金融创新的背景

（一）京能财务公司金融创新的定位

京能财务公司自2006年成立以来，一直坚持"依托集团、服务集团"的发展定位，以服务集团成员单位为中心，充分发挥资金集中管理平台、融资平台、金融服务平台、财务调控平台四个功能。京能财务公司金融创新一直立足集团利益最大化，为集团提供综合性、多方位的金融服务，来促进集团产融结合，支持集团做大做强。

京能财务公司通过金融创新以期实现以下目标：①树立良好品牌，提升竞争力；②提供综合性金融服务，促进集团和谐发展；③发挥自身优势，提高盈利水平；④建立多元化服务平台和网络，整合集团金融资源。

（二）京能财务公司金融创新所面临的现实问题

第一，潜在客户资源有限，市场空间狭窄。

第二，集团政策依赖性较强，运营主动性偏弱。

第三，客户行业较集中，政策调控风险大。

第四，资本金规模偏小，业务运营空间有限。

第五，业务品种相对单一，金融服务手段较少。

第六，专业人才相对不足，技术开发相对较弱。

二、京能财务公司"SPORT"金融创新模式

（一）"SPORT"金融创新模式

京能财务公司分析所面临的问题，根据自身发展宗旨，围绕现有核心业务，结合集团行业和客户需求特点，形成了"SPORT"金融创新模式。"SPORT"金融创新模式是以客户为中心的金融创新模式，即以服务（Service）为核心、产品（Product）为营销、组织（Organization）为纽带、风控（Risk Control）为保障、技术（Technology）为支撑的金融创新模式。

"SPORT"是运动之意，也寓意"SPORT"金融创新模式是个动态模式，通过服务、产品、组织、风控和技术五个核心要素相互促进、相互影响，谋求公司长期、持续、协调发展，实现以客户为中心的经营理念，达到"依托集团、服务集团"的发展目的。

(二)"SPORT"金融创新模式的内涵和特点

1. 服务(Service)

服务是财务公司金融创新的核心和出发点。财务公司的客户服务优化目标不同于商业银行,不以盈利为首要目标,而以集团价值最大化为目标。京能财务公司在服务优化方面有服务功能的适用性和业务流程的便捷性两个最基本的特点。

(1)服务功能的适用性

服务功能适用性主要体现在产品创新的差异化上。在客户细分基础上,京能财务公司根据选定的同类客户进行产品设计和产品组合,针对不同客户群开发并形成核心产品、重点产品和特色产品。京能财务公司认真分析现有的客户群,电力企业作为重点客户群,细分为火电企业、水电企业、风电企业,并按发展阶段分为基建型企业和经营型企业。不同类别的企业,服务侧重就不一样。例如,基建期电力企业对融资需求较大,京能财务公司牵头组织银团贷款;风电企业作为环保能源企业,往往可以享受国家政策补贴,京能财务公司为其争取贴息贷款;经营期电力企业存在电费收入与燃料支付的短期资金缺口,京能财务公司针对不同信用级别提供循环贷款。

(2)业务流程的便捷性

财务公司在进行业务创新时,要充分发挥服务平台信息共享的优势,保证信息对称,以兼顾风险控制和服务便捷双重目标来设计和改进业务流程,在防范风险的同时提高服务效率。

京能财务公司建立了客户服务平台——客户服务中心,配备了高素质的客户经理,实现客户信息的及时、准确传递,为客户设计个性化的产品组合和业务方案。

2. 产品(Product)

产品创新是财务公司面对客户的有效营销手段。京能财务公司由于经营范围的限制,产品创新往往局限于存贷款传统业务,一般以融资、结算、咨询服务便利为目标实现产品创新。

(1)提高产品的适用性

提高产品的适用性是满足客户需求的主要条件。首先,充分了解客户

的需求特点;其次,分析市场潜在的空间;最后,进行产品研究开发。京能
财务公司在存款产品的设计上充分考虑客户资金管理的形式和资金收支
的特点,为不同需求的客户提供侧重不同的存款组合产品,既帮助客户有
效管理资金,也协助客户降低财务成本。

（2）促进产品的多样性

加强产品的多样性,满足不同类型的客户以及客户不同阶段的服务需
求。例如,京能财务公司为基建客户推出项目周转贷款,在长期项目融资
未到位之前提供便捷的融资渠道;对运营客户提供灵活的循环贷款、票据
融资、保理等融资方式,加强客户资金运转能力。

（3）实现产品的多元性

财务公司实现产品多元化,是满足业务多元化的需要,也是实现收入
结构多元化、利润来源多元化的需要。京能财务公司在不断丰富传统存贷
款产品的基础上,不断拓展以咨询服务为核心的中间业务产品,在满足客
户个性化需求的基础上,丰富收入结构,创造更多的盈利渠道。

3. 组织（Organization）

财务公司的组织体系并没有统一的模式,组织体系的建设过程也是一
个创新过程。组织体系是公司发展的重要纽带,贯穿于各项管理工作。

第一,建立科学决策机制。组织体系中的决策机制是组织建设中的重
点,是确保金融创新顺利进行的关键。京能财务公司建立了股东会、董事
会和监事会、专业委员会、总经理办公会四层架构的决策组织体系,明确职
责,专业分工,公开决策。在经营决策中引入行政和技术双轨体系,让专家
型人才进入决策体系,确保决策的科学性和创新性。

第二,搭建专业化管理平台。组织体系的构建既要兼顾业务的垂直有
序管理,也要实现部门扁平化设计的高效一体。专业化管理平台,是在公
司发展的特定时期,打破横向部门设置的传统思维定式,对公司内部资源
重新配置搭建的跨部门机构。

京能财务公司整合客户资源、信息资源,在实体业务部门与管理层之
间建立了客户服务中心,确保客户信息通过客户服务中心平台得到充分的
搜集、沟通和反馈。同时,京能财务公司整合业务、技术资源,跨部门建立
了公司领导牵头的信息化委员会,下设两个信息化工作小组,专门致力于

资金管理信息系统等技术创新手段的提升。

第三，打造学习型、创新型团队。金融创新的成功依赖一个创新性团队，而创新性团队依赖学习型组织的建设。京能财务公司结合学习实践科学发展观活动，以终身学习的理念深入开展创建"学习型、创新型团队"的实践，实事求是，勇于创新，重视结合公司发展阶段，组织学习调研，强化创新研究，并将研究成果运用于实践，进一步提升公司的核心竞争力。

4. 风控（Risk Control）

金融创新是把双刃剑，它既可为财务公司规避风险提供可能，同时也增加了相关风险，京能财务公司结合实际情况，提高全员风险意识，建立全面内控体系以及有效评价体系，确保业务创新良性发展。

（1）实现风险意识全员化

风险管理意识贯穿于全员，贯穿于业务拓展、经营管理的全过程，这是控制风险、促进创新的有效措施。京能财务公司通过建立制度和实施考核，将风险意识融入每一位员工的日常行为，将风险管理理念固化到每一条规章制度，并辅之以合规审查和绩效考核，逐步形成风险文化的环境和氛围。

（2）实现内控体系的全面化

全面的内控体系管理不仅符合监管机构的要求，也是财务公司实现规范运作、严格控制运营风险的要求。京能财务公司在内控体系建设上，不仅注重加强内部业务流程和管理流程的优化和再造，同时也注重借助外脑，通过聘用专业的咨询公司量身设计内控体系框架，规范内控体系的操作程序和管理程序标准，通过建立一体化、规范化、全面化的内控管理体系，确保企业健康、持续、稳定发展。

（3）实现评价体系的一体化

金融创新的实效需要通过评价体系进行准确、科学的评估。京能财务公司结合自身特点建立以稽核和审计为核心的评价体系，不仅能够对金融创新的实效进行准确、科学的评价，同时可以有效促进金融创新业务的改进和提高，不断完善业务流程和管理程序。

5. 技术（Technology）

财务公司技术创新既包括信息化技术开发手段的提升，也包括产品开发技术的完善。

（1）建立全面的信息化技术开发平台

实现现代金融创新依赖于技术支持手段的持续创新。信息系统的建设能直接帮助财务公司突破发展瓶颈，高度整合资源，规范工作流程，提升运营效率，控制运营成本，防范资金风险，为财务公司带来直接经济效益。京能财务公司一成立就与专业的信息技术开发公司达成了战略合作协议，共同致力于资金管理信息系统的开发和创新。在确保信息化建设效率的基础上，结合客户需求特点和业务流程需要，京能财务公司进行了专业个性化创新，对系统功能进行了有效拓展。

（2）不断提高产品开发技术能力

产品开发技术的创新要求财务企业以客户为中心，以产品设计为主线，形成标准化的产品开发模板。京能财务企业以金融产品设计的基本属性、市场、渠道、定价、流程、风险控制六大元素为基础，对现有新产品开发初步探讨了开发模板。

三、"SPORT"金融创新模式在业务管理创新中的实践

（一）依托服务平台和信息化技术，优化资金集中管理业务

1. 依托组织创新，实现管理到服务的理念创新

资金集中管理的核心是管理，但手段要依靠服务，无论是高度集中型还是松散管理型或相对集中型的资金管理模式。财务公司成立之初一般都需要依靠集团公司的行政力量在短时间内实现集团资金一体化管理，但随着财务公司业务日渐成熟，市场化服务必须跟上，使成员单位感受到财务公司与商业银行一样便捷和方便，使管理色彩较浓的管理型业务过渡为服务型业务。京能财务公司在成立初期，为尽快推行资金集中管理，在有限的人力条件下，调动和培训全员作为客户经理，实现一对一、户户上门的客户服务，在短短6个月的时间就实现了集团资金归集率80%以上。随着资金管理业务日渐成熟，京能财务公司以前台业务部门为基础，成立了客户服务中心，细化了客户服务内容和服务范围，将客户服务工作落得更实、更稳，同时也赢得了客户的赞誉。

2.依托技术平台,实现账户集中管理业务创新

账户集中管理业务创新是解决合理匹配归集模式、账户模式、预算模式的问题。归集模式要解决集团与成员单位之间集权和分权问题;账户模式要解决财务公司与银行同业合作深度问题;预算模式要解决集团资金运转效率问题。账户集中管理业务的创新点就在于寻求集约化管理与适度分权管理的平衡,寻求财务公司服务深度与银行依赖度的平衡,寻求资金效率与资金成本的平衡。京能财务公司的成立是集团资金集约化管理的起步,最初集团通过下发资金政策,依靠二级联动账户模式,实现收支两条线和资金预算相匹配的账户集中管理。但随着资金管理平台系统的开发、人员的充实和风控措施的完善,二级联动账户模式逐渐向代理汇兑模式创新,收支两条线模式向单一账户模式创新。

(二)适应客户需求,推动存贷款产品开发

1.引入授权机制,开发7天通知存款自动结转产品

客户办理7天通知存款一般不约定存期,支取时提前7天通知,约定支取存款日期和金额。在实际操作中,部分客户由于急于用款,往往未能提前7天发出通知,为提前用款损失了很多利息收入。

对此,京能财务公司改进7天通知存款的结息流程,利用资金管理信息系统,引入客户授权机制,在办理通知存款时每7天自动计息结转一次。当客户急于用款未发出支取通知时,因前期的通知存款已进行了利息结转,支取时按照活期计算利息天数最多不超过6天。此举既提高了客户的存款收益,也提高了京能财务企业的存款规模。

2.开发循环贷款品种,实现授信额度的循环使用

循环贷款是在客户授信有效期内,根据客户信用评级情况确定循环贷款额度,在循环额度内客户可随时借款、随时还款的贷款业务。循环贷款与传统短期贷款相比,主要优点一是能为客户提供更便捷的融资服务,二是有利于提高客户资金周转能力、降低财务费用。

京能财务公司针对电力运营企业存在电费收入和燃气费支付因时间差导致的短期资金缺口的现象,推出循环贷款业务,协助客户解决周期性资金短缺的问题。由于循环贷款性质上是短期流动资金贷款,多采用信用贷款形式,因此,京能财务企业针对AAA级客户开展此项业务,有效控制信

用风险。

3.加强同业合作,实现银团贷款业务的推出

银团贷款指由一家或几家银行牵头,联合多家银行或非银行金融机构,采用同一贷款协议,按商定的条件向借款单位提供资金的贷款。财务公司以牵头行和代理行身份组织银团贷款,能够有效分散信贷风险,加强同业合作,为客户扩大融资渠道。

银团贷款主要为大型重点项目服务,特别适用于融资金额大、建设期限长的基础建设项目。因此,京能财务公司以大型电力项目作为银团贷款业务拓展对象,联合银行为客户设计个性化的银团贷款方案,降低客户融资筹划成本,满足项目整体融资需求。2010年,京能财务公司曾联合多家银行为在建发电企业设计流动资金贷款和项目贷款组合银团贷款方案,初步测算若方案实施,可降低财务成本8%左右。

4.促进信贷规模调整,实施卖断型信贷资产转让业务

卖断型信贷资产转让业务是指财务公司作为出让方,与受让方根据协议约定转让财务公司信贷资产,资产转让后,债权人由财务公司变为受让方,借款人向受让方承担还本付息的义务。卖断型信贷资产转让业务是信贷业务衍生的创新业务,此业务的开展有利于促进财务公司贷款结构和贷款规模的调整,有利于加强同业合作,拓宽集团公司授信范围,也有利于提高财务公司的收益水平。京能财务公司在开展卖断型信贷资产转让业务时,以同业合作为基础,以价格最优为原则,以绝对收益为目标,在货币政策调整的不同周期采取较为灵活的操作思路,在风险可控的前提下多次循环,实现客户融资成本降低和财务公司收入增长的双赢局面。

5.借鉴贸易融资方式,创新保理业务

保理业务是指财务公司作为保理商与客户之间签署保理协议,根据该协议,客户将其现在或将来的基于其与买方订立的销售合同所产生的应收账款转让给财务公司,并由财务公司为其提供综合性金融服务。

保理业务一般运用于国际贸易融资,京能财务公司在分析电力行业客户的收款特点的基础上,将保理业务创新应用于电费回收结算过程中,利用电费结算与燃料采购存在时间倒差,通过保理方式为电力客户提供短期融资。保理业务可降低客户融资成本,并提前兑现客户的应收账款,改善客户财务报表结构。

(三)加强个性化服务,加快中间业务发展

1.发挥咨询服务功能,提供广泛的金融服务

咨询服务指财务公司凭借自身专业知识、行业经验、人力及金融资源,为满足客户提高经营、投资和资金运用能力及增强资金获利能力的需要而提供的重组、并购、改制、资产管理、融资策划等方面的咨询业务。财务公司熟悉集团内部情况,具有丰富的信息资源,具备金融专业技术水平,相对于其他金融机构具有服务优势。

京能财务公司长期协助集团公司管理专项金融资产,为部分客户提供资本运营专业咨询,与集团上市公司建立了长期金融服务战略关系。京能财务公司通过咨询服务业务集团增加净收益10亿元以上。当集团陷入电力能源行业低谷时期,京能财务公司在保持集团持续盈利中起到了关键作用。

2.借助信托平台,实现低成本融资方式创新

京能财务公司创新的低成本融资方式是以信托公司作为枢纽,联合商业银行共同为客户搭建融资平台。信托公司直接与客户签署借款合同建立借贷关系,商业银行依据与信托公司约定的资金信托协议募集资金,京能财务公司负责为客户提供融资服务并受托管理客户的信贷资产。这种低成本融资方式充分发挥了财务公司的综合融资服务功能,有效衔接了不同类型金融机构的经营特点,最大限度地为客户创造与市场价格最接近的低成本融资渠道。

(四)以风险控制为目标,实现融资业务创新

"SPORT"金融创新模型的应用,在融资业务上更多地体现为流程控制和成本管理。京能财务公司开展的融资业务主要集中于同业拆借和回购型信贷资产转让业务。虽然这两种业务是比较成熟的融资业务,但在询价机制和成本控制上进行了创新实践。

第一,建立了及时有效的询价机制。京能财务公司通过定期、定向的询价,选择询价范围,挑选具有代表性的报价模式,确定合理的定价范围,及时提供业务价格数据以作决策参考。

第二,形成了有效的成本控制机制。京能财务公司将内源融资成本和外源融资成本及时进行测算比较,将资金运用的综合成本和收益空间及时进行比对和分析,优化融资方案,在解决流动性的基础上有效控制资金成本。

四、"SPORT"金融创新模式在业务管理创新中的效果

(一)资金归集面和归集率不断提升

京能财务公司作为集团资金集中管理平台,在资金管理创新中以客户服务能力提升和结算平台技术优化为重点。自2006年以来,京能集团资金归集面和资金归集率处于稳步增长的趋势,截至2021年12月31日,共有83家成员单位在京能财务公司开立账户,全部资金归集率达到71.09%,可归集资金归集率达到92.35%,在行业内处于领先水平。

(二)有效降低集团整体财务成本

1.通过同业存款降低集团财务费用

2017—2021年,京能财务公司存放银行的存款利率与公司存放银行的活期利率有较大利差,初步统计,这五年间财务公司资金头寸利差收益5670万元,这部分经济利益通过财务公司保留在集团内部,降低了集团财务成本。

2.提升成员单位存款利息收入

京能财务公司为集团成员单位推出通知存款,通知存款利率高于活期存款利率。2017—2021年,集团成员单位年均在京能财务公司的存款利息较活期存款利息多出1958万元,一定程度上降低了成员单位的财务成本。

3.降低集团及成员单位融资成本

2016—2021年,京能财务公司向成员单位提供了大量的优惠贷款,有效降低了成员单位融资成本。累计发放优惠贷款146亿元,按照一年期贷款利率计算,这六年内优惠贷款可为成员单位节约财务成本约1亿元。

另外,如果将集团成员单位和集团看成一个经济体,那么从财务公司的融资成本仅为财务公司缴纳的营业税和所得税,融资成本的优势非常明显。2016—2021年,京能财务公司向成员单位发放贷款收取贷款利息11.96亿元,扣除营业税和所得税,可节约集团整体融资成本约8.44亿元。

（三）有助实现盈利模式多元化

2016—2021年,京能财务公司积极创新中间业务,提升金融服务能力,增加新的盈利点。其中,开展财务顾问收入9399万元,开展买断型信贷资产转让业务获得手续费收入63.65万元,委托贷款手续费收入5420万元,委托管理集团"现金蓄水池"、实现集团"现金蓄水池"投资收益3.15亿元,已成为集团重要的"盈利池"。

（四）积极保障集团资金链安全

京能财务公司外源融资业务创新有效扩大了融资品种和融资渠道,为集团提供了可靠的备用资金来源,而且融资成本与银行贷款成本相比大大降低,有效节省了集团的融资成本。2017—2021年,京能财务公司融资总量208.9亿元,其中,同业拆入153亿元,回购型信贷资产转让55.9亿元,总体平均融资成本控制在3%以内,与同期贷款利率相比不足50%。

五、结语

"SPORT"金融创新模式是京能财务公司以突出财务公司特有优势进行的金融创新尝试。随着社会经济的发展、金融业环境的变化,财务公司金融创新的内涵和模式还要适应环境、适应需求,不断求新、求变。正如"SPORT"本义一样,通过"运动"找到适合自身发展的轨迹,只有这样,财务公司才能不断增强竞争力,不断走向成熟和成功。

参考文献

一、专著

[1]蒋海帆.企业进出口活动内部审计方法与技巧[M].北京:中国海关出版社,2019:36.

[2]刘媛,姜剑,胡琳.企业财务管理与内部审计研究[M].西安:黄河水利出版社,2019:26-28.

[3]秦荣生.现代内部审计学[M].2版.上海:立信会计出版社,2019:24-25.

[4]王宝庆,张庆龙.内部审计[M].沈阳:东北财经大学出版社,2017:12-15.

[5]王李.内部审计学概论[M].沈阳:辽宁科学技术出版社,2017:14-15.

二、期刊

[1]艾莉颖.新政府会计制度下行政事业单位内部控制策略[J].合作经济与科技,2022(9):156-157.

[2]毕秀玲.充分发挥内部审计在环境、社会和治理中的作用[J].中国内部审计,2022(4):1.

[3]褚可心,马蕴菲.上市公司内部控制信息披露问题探究[J].西部财会,2022(4):57-59.

[4]邓夏露.国有企业小额采购存在的问题及审计对策[J].法制与经济,2021,30(11):131-134.

[5]董炳辉,何郑博,郭沫涵.房地产行业上市公司财务风险控制研究——以万科集团为例[J].中国市场,2022(11):142-144.

[6]付慧丽.数据式审计在企业集团公司的应用——以京东方为例[J].财会通讯,2022(7):130-135.

[7]傅少华,秦天竺,等.行政事业单位内部控制建设存在问题及改进建议[J].中国农业会计,2022(4):22-23.

[8]李俊.企业内部控制浅析[J].现代商业,2022(10):152-154.

[9]刘栋.新三线模型视角下对基层央行内审工作的探析[J].财会学习,2022(12):113-115.

[10]刘金梅.会计监督与审计监督关系探究[J].财会学习,2022(12):107-109.

[11]刘丽花,杨盛然,叶敏.构建内部审计整改闭环机制研究[J].经济师,2022(4):125-126,129.

[12]刘沛.高校内部审计与廉政风险防控研究[J].老字号品牌营销,2022(8):74-76.

[13]彭斯慧,黄清玉.探索广西内部审计与国家审计融合的研究[J].中国内部审计,2022(4):92-95.

[14]区逊.房地产企业财务内部控制存在的问题及对策[J].财会学习,2022(10):155-157.

[15]师晓玲.物流企业财务风险的分析与防范[J].现代商业,2022(10):186-188.

[16]史志琳,焦树锋,姜宏丽.大数据发展背景下的企业财务内部审计创新研究[J].老字号品牌营销,2022(8):152-154.

[17]王莹.企业内部审计质量存在的问题与对策[J].质量与市场,2022(7):142-144.

[18]谢道意.风险管理视角下的化工企业内部管理[J].化工管理,2022(11):10-12.

[19]徐晶.企业内部控制审计制度建设[J].中国农业会计,2022(4):54-55.

[20]殷秀梅.战略性内部审计实施研究[J].财会学习,2022(12):110-112.

[21]臧超.行政事业单位内部控制建设探讨[J].行政事业资产与财务,2022(7):59-61.

[22]周诚浩.基于内部控制视角的财务风险控制研究[J].会计师,2021(20):76-77.

三、学位论文

[1]陈沛琳.股份制商业银行民营企业信贷业务内部控制优化研究[D].昆明:云南财经大学,2021:24-25.

[2]冯鑫.内部审计信息系统绩效评价指标体系研究[D].西安:西京学院,2021:10-12.

[3]洪熙璟.T融资担保公司风险管理研究[D].昆明:云南财经大学,2021:12-13.

[4]胡婉琳.基于风险导向的物资采购内部审计研究[D].西安:西京学院,2021:23-25.

[5]柳鑫.国有商业银行普惠金融业务经营创新[D].昆明:云南财经大学,2021:16-18.

[6]孙文特.大数据环境下LZLJ集团内部审计信息化优化研究[D].西安:西京学院,2021:24-25.

[7]汪丽娟.A污水处理厂提标改造工程项目风险管控研究[D].昆明:云南财经大学,2021:30.

[8]袁梓烜.M家纺公司税务风险管理研究[D].昆明:云南财经大学,2021:24-25.

[9]朱晔.科技强审背景下D集团内部审计信息化应用研究[D].西安:西京学院,2021:26-28.